JN282723

誰も書かなかった

江戸町奉行所の謎

若桜木　虔

中経の文庫

はじめに

江戸時代を舞台とした時代劇の人気は相変わらず根強い。事件や犯罪を中心に武士や町人が登場し、一件落着のあいだにさまざまな人間ドラマが描かれる、いわゆる「捕物帖」は継続した人気を博している。

時代劇はだいたい一時間番組なので、当然ながら事件は、その時間内で解決する。しかし現実には、さまざまな人間、機構が絡み合っているわけで、その中心にあるのが江戸町奉行所だ。

江戸時代、犯罪はどのようなプロセスで解決されていたのだろう。犯罪者はどうやって捕らえられ、裁かれ、刑に処されたのか？　また、捕らえる側はどのような手法で江戸の治安維持に尽力していたのだろうか？派手な立ち回りは日常茶飯事だったのだろうか？　大盗賊は本当に跳梁跋扈《ちょうりょうばっこ》していたのだろうか？　武士の犯罪と市民の犯罪とで裁きの違いはあったのか？拷問は？　牢屋の中は？……時代劇を見ていると、このような疑問は尽きない。

本書は、時代劇を見るときの、手軽でかつ面白い手引き書になるように執筆した。

江戸を舞台の時代劇で中心的役割を担うのが、町奉行所と火付盗賊改《ひつけとうぞくあらため》だろう。本書では、それらを主に、できるだけ類書では取り上げられていないエピソードを紹介しつつ、当時の犯罪取り締まり機構のはたらきについて分析してみた。

時代劇に登場する町奉行所の与力や同心、その配下の岡っ引きや下っ引きが、実際はどんな活動をしていたのか、また、犯罪者逮捕から刑までの流れなど、時代劇の副読本として、本書は役に立つだろう。

時代は移り変わり、もはや町奉行所も火付盗賊改も、ドラマのなかにしか存在しない。

それなら、フィクションのなかに封じ込まれてしまった、当時の奉行所のしくみ、奉行所に関連する人々の息吹を感じられるような本があってもいいのではないか。そんな思いで書いたのが本書なのである。

最後に、杉田透氏の協力に感謝の意を表する。

平成二一年八月吉日

若桜木　虔

誰も書かなかった　江戸町奉行所の謎●目次

第二章　犯罪発生から一件落着まで

第三章　牢生活のすべて

附録7 町奉行所こぼれ話

本書は「中経の文庫」のために書き下ろされたものです。

本文イラスト：東島香織・大塚航

第一章

町奉行所は何をしていた？

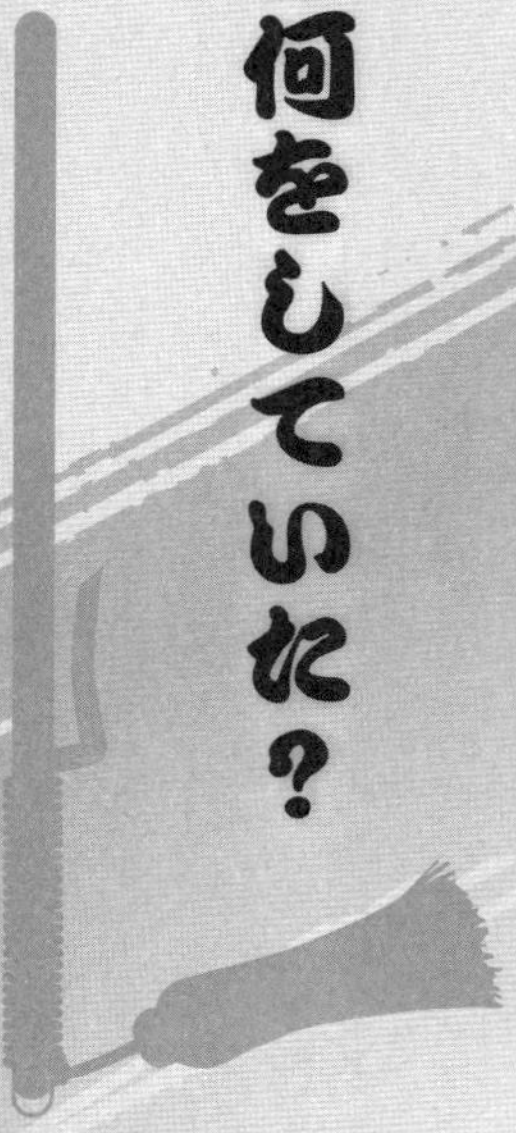

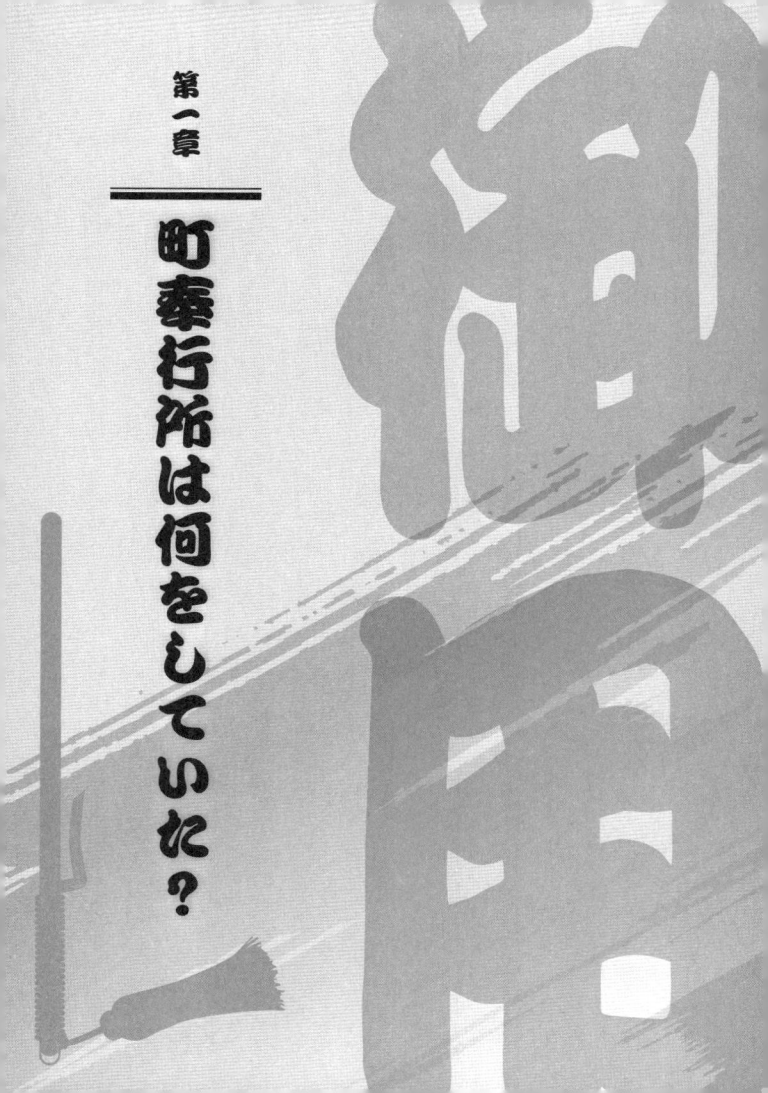

江戸初期の町奉行と江戸バブル

江戸町奉行は、現代でいえば**警視総監**と**東京地裁長官**、**東京地検検事正**、**東京消防庁の消防総監**、**東京都知事**を兼務するような存在だった。

つまり、奉行所の職責は、当時、世界第一の人口密度を誇る過密都市だった江戸において、並大抵のものではなかったのだ。

町奉行制度は、まだ関ヶ原合戦も起きておらず、豊臣《とよとみ》家も滅亡していない天正一八年（一五九〇）八月、徳川家康《とくがわいえやす》の指揮下で、江戸および関東平野一円の開拓と開発が進められていた頃に開始された。

人口もそれほどではなかった江戸初期の奉行所は、関東地方の全域を管理しており、南北町奉行の区別もなかった。

南北町奉行の二つができたのは、慶長九年（一六〇四）、家康が征夷大将軍に任じられ、江戸に徳川幕府を開いた翌年のことになる。それまで町奉行は大名の役職で、自分の屋敷を役宅としていた。

しかし、石高《こくだか》が一万石未満で、儀式などで将軍が出席する席に参列できる

「御目見《おめみえ》」以上の家格を持つ旗本（元は戦場で主君の軍旗を守る騎馬武士団）が町奉行に任じられるようになると、手狭な自宅屋敷を役宅とすることが困難となり、江戸城近くに町奉行所用の役宅が与えられるようになった。

それが二軒あったため、位置的に北側のものを「北町奉行所」と呼び、南側のものを「南町奉行所」と呼ぶようになったのである。江戸を南北に地域分けして担当していたわけではなく、どちらも担当地域は武家地と寺社地を除く江戸府内の全域だった（武家地と寺社地は大目付・目付・寺社奉行などの管轄）。

月番を決め、一カ月交替で事務処理を行なっていたが、犯罪の取り締まり自体は交替ではなく、通年で与力や同心が担当していた。

この頃から江戸には加速度的に大勢の人間が流入しはじめ、人口密度が上がるのと同時に、海岸地帯の埋め立て、山野を住宅地に変えるといった、一種の江戸バブルに入っていったのだ。

町奉行所の管轄範囲

「町奉行所の管轄範囲は、武家地と寺社地を除いた江戸府内」と述べたが、その

「江戸府内」を図示すると、左のようになる。

　面積的には、武家地が一一六九万二千坪（約六〇％）で、寺社地が二六二万一千坪（約二〇％）、町地が二六九万六千坪（約二〇％）という比率だから、左図の二割が町奉行所の管轄区域である。

　この朱引き線内が「江戸府内」で、さらに内側（目黒不動一帯のみ外側）の墨引き線内が町奉行所の管轄領域。

　文政元年（一八一八）に目付の牧助右衛門《まきすけえもん》から「御府内とは、つまり、どこからどこまでか？」との問い合わせが評定所に提出され、評議の結果、江戸朱引図を作成したのが、幕府の唯一の正式見解となった。実際に赤線や黒線で書き込んだのが名前の由来である。

　墨引き線外の、町奉行所の管轄外地域は、関東取締出役《かんとうとりしまりしゅつやく》（俗に言う「八州《はっしゅう》廻《まわ》り」）の管轄となる。

　さて、朱引き、墨引きの線引き区域も時代によって変遷がある。江戸時代前期の「江戸府内」の範囲は、現在の千代田区および周辺部だけで、明和二年（一七六五）に江戸城の外堀を巡る四里内外を「府内」と定めた。四谷や高輪の大木戸

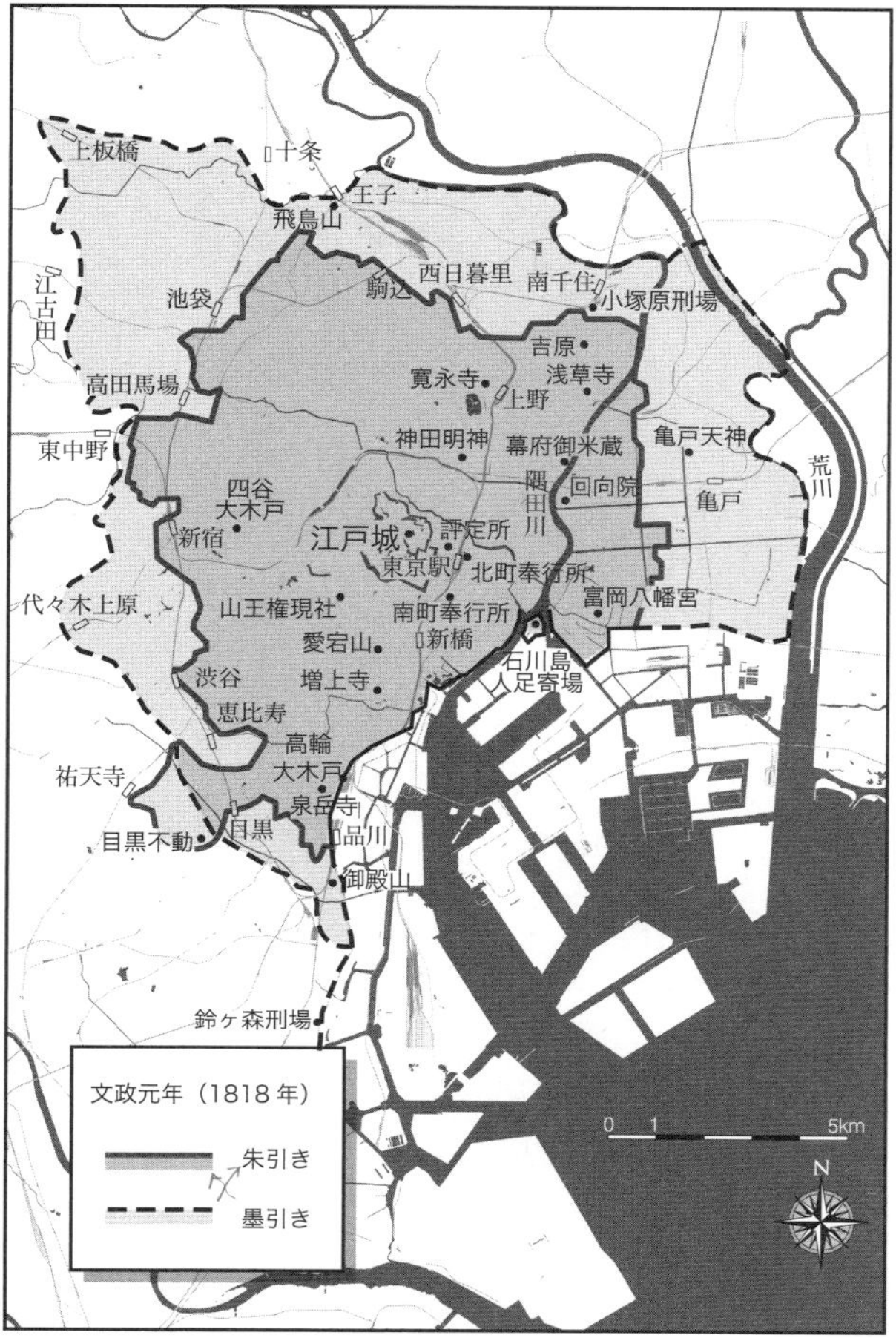

上板橋
十条
王子
飛鳥山
江古田
池袋
駒込
西日暮里
南千住
小塚原刑場
吉原
高田馬場
寛永寺
浅草寺
上野
東中野
神田明神
幕府御米蔵
亀戸天神
荒川
四谷
大木戸
隅田川
回向院
亀戸
新宿
江戸城
評定所
東京駅
北町奉行所
代々木上原
山王権現社
南町奉行所
富岡八幡宮
愛宕山
新橋
石川島
人足寄場
渋谷
増上寺
恵比寿
高輪
大木戸
祐天寺
泉岳寺
目黒不動
目黒
品川
御殿山
鈴ヶ森刑場
文政元年（1818 年）
朱引き
墨引き
0 1 5km
N

■江戸朱引図

が墨引き線内に存在するのは、そういう理由による。

一部、目黒界隈で墨引き線が朱引き線を越えている理由は、江戸庶民の行楽地として、非常な賑わいを見せた目黒不動尊（泰叡山瀧泉寺《たいえいざんりゅうせんじ》）があったので、その雑踏取り締まりのためである。

文化・文政の時代には「江戸の三富」と呼ばれた富籤《とみくじ》が、湯島天神《ゆしまてんじん》、谷中感応寺《やなかかんのうじ》（現在の天王寺）と共に、目黒不動で行なわれていた。

現代でいえば、年末ジャンボ宝くじの抽選会で、一攫千金の夢を見る大勢の人々が殺到した。人数的に手薄な寺社奉行の配下だけでは、不測の事態にとうてい備えられないので、町奉行所が周辺地域を固めた。

境内は寺社奉行の管轄だが、墨引きによって、五色不動の門前のすべてが町奉行所の管轄領域に組み込まれたわけである。

奉行所の位置

南北町奉行所の位置だが、それほど南北に遠く離れていたわけではない。

現在でも常盤橋、呉服橋と、往時の地名が残っているが、東京メトロ東西線の

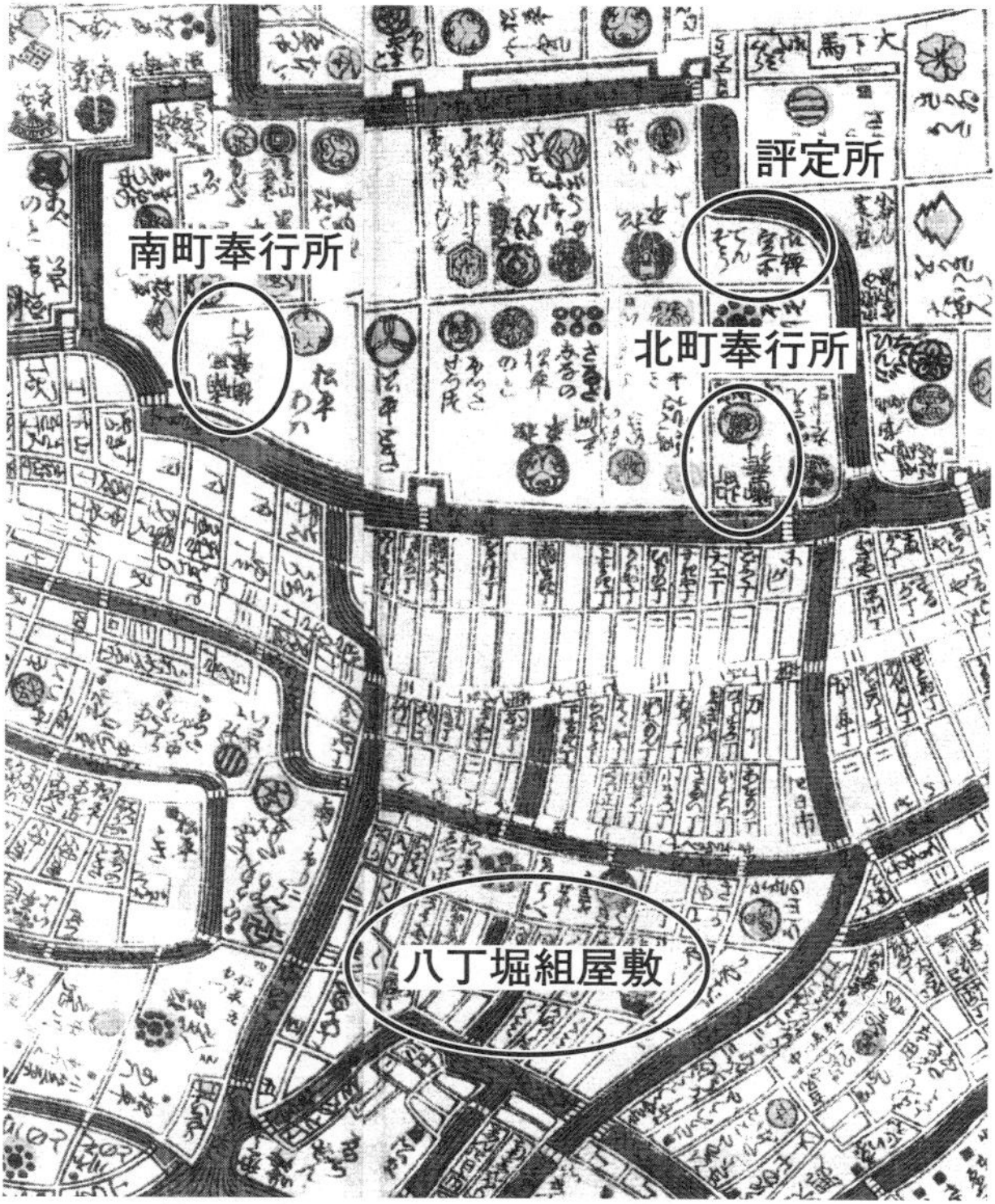

■「泰平御江戸繪圖」（原島広至所蔵）より

大手町駅の、ちょうど南北両側の位置に存在した時代もあった。

文化三年（一八〇六）に北町奉行所が呉服橋御門内に移転し、それ以降は南北町奉行所の位置は固定し、幕末に至っている。

時代劇などではよく、「北町奉行所」などという大きな〝表札〟がかかっているが、実際にはなかった。

当時、町奉行所に限らず、大名屋敷も旗本屋敷も、表札などはいっさい掲げていなかったのだ。表札が必要になったのは、明治時代に入って郵便制度が発足したからで、それ以前は誰の屋敷なのかは周知のことだったからだ。

初めての屋敷を訪ねようと思ったら、切絵図を片手に地形を確認しながら行く以外になく、そのため切絵図には、懇切丁寧に住宅地図のように全武家屋敷の所有者名が記されていた。

江戸切絵図としては近江屋版と尾張屋版の二種類があり、宝暦～安永年間（一七五一～一七八一）に初版が刊行され、適宜、改訂版が出された。江戸見物に訪れた観光客の江戸土産としても珍重された。

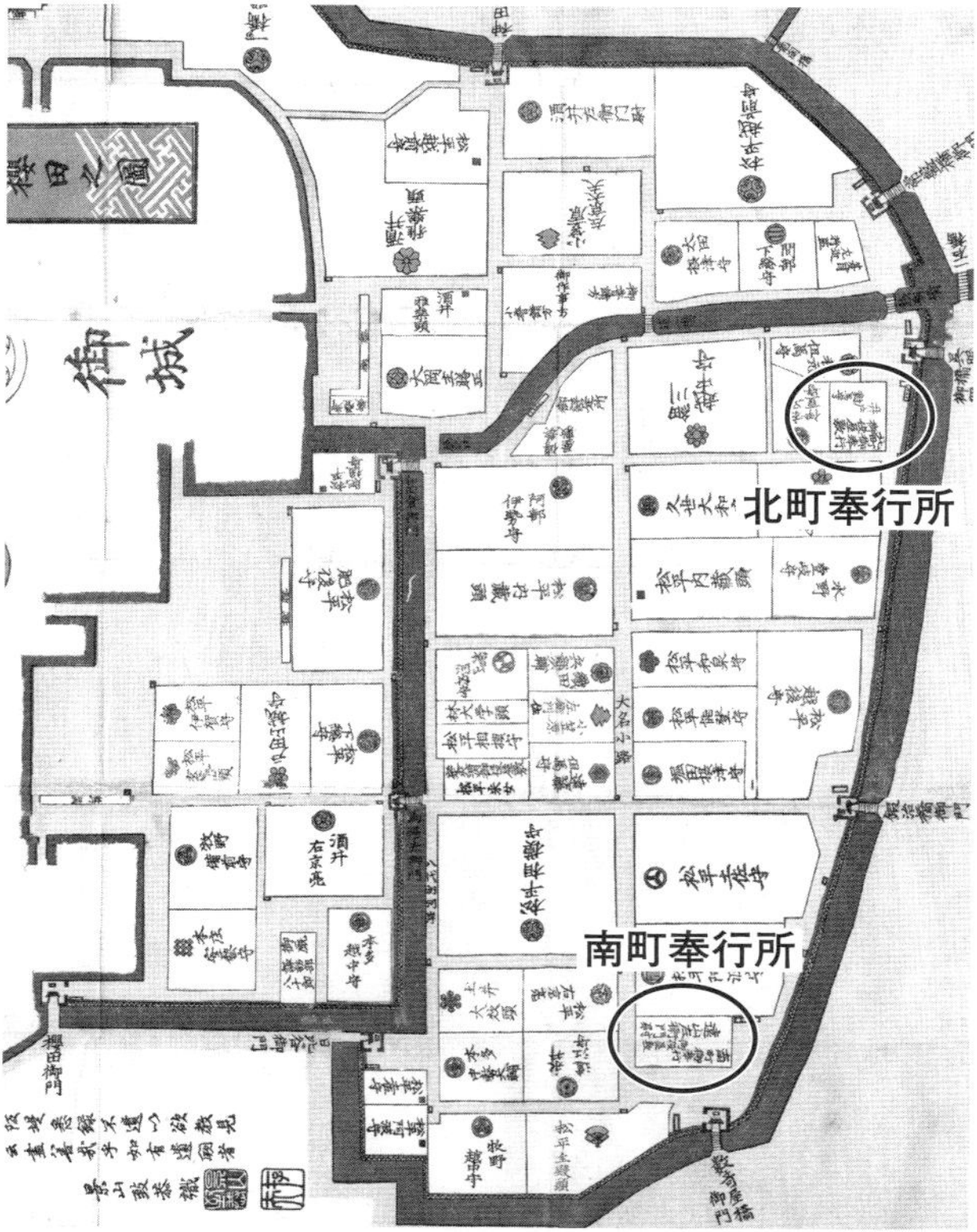

「大名小路神田橋内内桜田之圖（1849）」（原島広至所蔵）

町奉行所の組織および命令系統

安定期に入ってからの町奉行所の組織・命令系統は、市民の司法・行政・警察にかかわる事務が主で、組織は、単純に表記すると左のようになっている。

江戸町奉行――与力五〇騎（南北に二五騎ずつ）――同心一二〇人――小者・手先

与力の人数を「騎」で数えるのは、与力が騎乗を許されているからで、「旗本八万騎」などという言葉も、ここからきている。

町奉行所の与力と同心は、現代風にいえば実は**契約社員**で、一年ごとの契約更新システムだった。

契約社員でも、正社員のようにずっと同じ会社に勤務する者が大勢いるが、町奉行の与力と同心も同じで、建前上は一年契約でありながら、実質的には終身雇用だった。

契約社員が正社員のようには昇進できないように、町奉行所の与力と同心も簡単には昇進できなかった。よほどの大手柄を立てても、せいぜい俸禄（給料）が増額される程度だ。

仮に、捕物などの最中に殉職しても、同心から与力に特進などということもない。そこは現代における警察の殉職に関する扱いとは大きな違いである。

また、契約社員であるから、建前上は息子が同じ職に就けるわけではない。だが、これも実際には、長男があとを継ぐことができた。長男が病弱などで役務に堪えられない場合に限り、次男や三男があとを継いだ。

時代が下がるに連れて与力や同心の増員があり、その場合も〝経験者の家族〟のほうが都合がいいということで、次男や三男が採用された事例も見受けられた。

奉行所を構成していた人たち

江戸町奉行は、さまざまな部門を管理監督していたため、それを含めると次ページのような系統図になる。

江戸町奉行
- 与力五〇騎―同心一二〇人―小者・手先（岡っ引き・下っ引き）
- 小石川養生所医師
- 人足寄場奉行―同心
- 牢屋奉行
  - 同心五〇人―牢屋下男
  - 穢多頭―穢多
  - 非人頭―非人
- 町年寄―名主―地主―家主

変わっているのは小石川養生所だろう。これは八代将軍の吉宗《よしむね》時代に、小石川《こいしかわ》白山《はくさん》に設置された貧民施療所である。

享保七年（一七二二）、伝通院《でんづういん》前に居住していた小川笙船《おがわしょうせん》という医師が目安箱を通して吉宗に、貧民のための施療院の設立を建白して受け入れられ、同年末に白山御殿の跡地に薬草園と施薬院がつくられた。

これが、のちに養生所という名称に変わり、現在の**東京大学大学院理学系研究科附属植物園**である小石川植物園の一角だ。

外役与力・同心の役割

町奉行支配下の与力と同心は、勤務の内容に応じて、外役・内役・組役の三種類に分かれる。

江戸市中を見廻る「外役」、日々、必ず町奉行所に出勤して建物内で役務を果たす「内役」、町奉行所の事務セクションが「組役」だ。もちろん相互異動もある。

与力は与力同士、同心は同心同士で、基本的に同格であり、キャリア（経験）による、いわゆる先輩・後輩の差があるだけである。

まずは時代劇で最もなじみ深い「外役」の主だったものを紹介していこう。なお、カッコ内太字は近いと思われる現代の職業である。

本所見廻り

本所深川地区を見廻り、橋々の普請状態を調べたり、川浚《さら》いを監督したりなど、橋の崩落事故や水害に備えた。水害時の人命救助のために、鯨船という快速艇を備えていた（**現代の消防のレスキュー隊員、海上保安官など**）。与力一騎、同心三人。

町会所掛かり

市中の共有財産である籾蔵《もみぐら》などの管理を担当し、窮民救助、つまり、現代でいう生活保護を主として受け持った。

籾蔵とは、飢饉等に備えて食糧を備蓄しておいたもので、毎年二〇〇石（一石は一八〇リットルで三俵）を貯蔵し、一〇〇〇石に達したら、古い籾から順に使うシステムを採用していた。

飢饉のときには五〇〇石、六〇〇石と一気に大量放出し、江戸府内のみならず、近在の村々や伊豆七島にまで送った（**市町村の役場の生活保護課員**）。与力二騎、同心四人。

牢屋敷見廻り

奉行の代理として、牢獄の主任である囚獄（俗に牢屋奉行）の石出《いしで》帯刀《たてわき》（人が交替しても、代々この名を必ず名乗った）の所置を監督し、刑罰の節には、立ち会うなどした（**弁護士などの法律関係者、医師、地方公共団体の職員などで構成される、刑事施設視察委員会のメンバーに相当**）。与力一騎、同心二人。

初代の石出帯刀は、元は本多図書常政《ほんだずしょつねまさ》といったが、下総《しもうさ》石出（現在の千葉県香取郡東庄町石出）の出身だったので、これを姓とした。つまり、初代は石出帯刀常政がフルネームである。

常政は諱《いみな》＝忌み名なので、通常は口に出さない。子々孫々、同じ石出帯刀を名乗って、諱の部分だけを変えることになる。この命名法は明治維新まで、あらゆる階層で見られる。歌舞伎役者や落語家が先代の名跡を襲名するのにも、この風習の片鱗が見受けられる。

帯刀は、文字通り「刀を帯びて将軍警護のために付き従う」という古代からの役職名を通称にしたもので、「＊＊右衛門」「＊＊左衛門」などと似たようなものである。

ちなみに「衛門」とは律令時代の官名で、左右の二衛門府があり、そのいずれかを警衛したことに由来するから、必ず左右のいずれかがつかなければならない。たとえば「甚衛門」などという名前があったら、それは「甚右衛門」の誤記ということになる。

歴代の石出帯刀で最も高名な人物が、第三代の石出帯刀吉深《よしふか》である。明暦三年（一六五七）の大火（いわゆる、振袖《ふりそで》火事）に際して、収監者を火災から救うために独断で「切り放ち」（期間限定の囚人の解放）を実行し、この切り放ちの場面は、時代劇でもよく取り上げられている。

この切り放ち処置は幕閣の追認を受け、以後、江戸期を通じて慣例化されたのみならず、明治期に制定された旧監獄法を経て、現行の「刑事収容施設法」にまで、緊急避難時の対応策として引き継がれている。

猿屋町会所見廻り

猿屋町会所とは、松平定信によって設立された、困窮旗本救済のための資金貸し付け所である。資金融通のために賄賂が贈られることが多々あり、その見張り監督を行なった（**東京地検特捜部や、警視庁刑事部捜査二課**）。与力一騎、同心二人。

昼夜廻り・風烈廻り
強風時の、市中の非常警戒。放火・失火に備えた（**警視庁地域部や消防署員**）。与力一騎、同心二人。

町火消人足改
火消し人足の監督。火事場において消防方（**現代の消防署員**。「方」は「担当・係」などの意味）の指揮を担当した。冬季以外は人数が減る。与力三騎、同心六人（冬季）。
火消し制度は吉宗時代にほぼ確立し、吉宗時代の町火消しの組数・担当区域および人数は、現代の消防署数・消防署員の人数と大差がない。町火消しの総数は一万三五九人。それ以外に、大名火消しと定火消しの臥煙《がえん》がいた。ちなみに**東京消防庁**の職員数は約一万八千人である。
それ以外にも、外役には、小石川養生所の事務管理などを担当した「養生所見廻り」、町々の往還において、荷車へ荷物の過積載や薪炭の過積みなど交通の妨害になるような状況を阻止する監督業務を行なう「高積見廻り」、石川島の徒刑場専任の「人足寄場詰め」など、さまざまな役職があった。

このように外役だけ見ても、町奉行所の与力・同心が単なる《警察官》ではなく、司法、行政、消防などの多岐にわたる業務に従事していたことがわかる。

内役の与力・同心

次に内役の与力・同心の役務分担に触れる。日々、必ず町奉行所に出勤して建物内で役務を果たすことから、「内役」の名がついている。

吟味方

訴訟や犯罪の吟味（事情聴取）を行なう（**東京地検検事**）。与力一〇騎（そのうち本役が四人、助役が六人）、下役同心二五人。

市中取締諸色《しょしき》掛り

諸問屋など、商業筋全体の事務を取り扱う。南北町奉行所で主任を分担したものもあった。米の担当は北町で、魚や青物は南町の担当（**農林水産省や、東京都の築地市場管轄を担当する部署の職員**）。与力八騎（そのうち、本役が四人、助役が四人）、下役同心一六人。

非常掛り

与力八騎、下役の同心一六人。市中の治安維持警衛を担当。昼夜の市中廻り、および火事場への駆け付けなど、常に外回りをしている外役の与力や同心の後詰め部隊。

そのほかには　罪人の名簿と罪状書を作成し、恩赦のときに該当犯罪者の名簿を奉行に提出したり、判例集の作成、および江戸府内の人別帳（戸籍）を扱った「赦帳選要方編集掛り」、宿直、臨時の出役（捕物や祭りの警護など）、奉行のお供、裁許所の警護、罪人の打ち首など、要するに経験不足の与力や若同心に体験させる見習い役務の「番方」などがあった。

組役の与力・同心

組役は町奉行所の事務セクションと考えれば、当たらずといえども遠からずだろう。

内与力

町奉行個人の家臣から、選ばれたもの。もともとは主人の家臣として仕えていたが、主君が町奉行職に在職中は幕臣待遇となり、幕府から俸禄が支給される。主君が他の役職に異動すると元通り、主君付きの家臣に戻る。

奉行所の玄関脇に詰めており、使者の対応をする（**警視総監の個人秘書が就任によって公設秘書**になった、という感じの役務）。一〇騎以内。

年番方

町奉行所の実務責任者。町奉行が交替しても引き続きその業務に従事する。古参で有能な者が務めた。与力や同心の管理および人事担当（**警視庁警務部**）。与力三騎、同心六人。

当番方

庶務受付。新人の与力が任命され、この職で、与力としての仕事内容を学ぶ。専任の三騎以外に年寄同心三人、物書同心三人と、平同心全員が所属する。

当番方の与力が御白洲に出る奉行の裁判の陪席や、捕物、検使の出方を担当する（**警視庁総務部**だが、検使〈検視〉もするので、**刑事部捜査一課や鑑識課にも相当する**役務）。専任の与力三騎が、三交代で勤務。

そのほかには、用人（奉行の秘書）の下で雑務をこなした「用部屋付」、南北町奉行所の与力や同心の姓名帳を担当した「両御組姓名掛り」、当番与力の指揮を受けて書類を作成する「物書き」などの役職があった。

役職によっては、一人で複数の役務を兼任する事例が多々あった。

現在の警視庁（およそ四万六千人）と比べても圧倒的に小人数だったから、アルバイト（小者・岡っ引き・下っ引き等）を雇っても、まだ足らなかった。

町奉行所同心の権限と働き

同心は〝実働部隊〟で、現代なら**巡査・巡査長・巡査部長**といった〝ノンキャリアの平刑事〟に相当する。

平均して三〇俵二人扶持の〝安給与〟の同心が、時代劇においても、現実の江戸時代においても、最も活躍することになった。

三〇俵が本俸で、二人扶持が現代でいう〝家族手当〟となる。三〇俵とは、一俵が四斗（四〇升）だから、一二石（毎月一石＝一〇〇升＝一五〇kg）である。これは玄米だから、精米するともっと少ない。現代なら**月給五万円**といった見当だろうか。

二人扶持は一日につき一升（五合×二）の米がもらえるが、小者（私的な家臣）にも給与を出さなければならないので、あっちこっちで付け届けをもらわないとやっていけなかった。

大手柄を立てれば一〇〇俵までの加増があり、例外的に与力への昇進もないわけではなかったが、あくまでも例外。

戦国時代ならば足軽、太平洋戦争当時の軍隊ならば兵卒か、せいぜいよくて伍長程度の身分だから、とことんこき使われる。

隠密廻りの同心の役割

隠密廻り、定町廻り、臨時廻りの〝三廻り〟同心がテレビ時代劇でも時代小説でも最もポピュラーに扱われる役務なので（**警視庁刑事部捜査一課～捜査三課、機動隊**に相当する）、特にこの三役務について述べる。

隠密廻りは、いうなれば私服刑事。町奉行直属の秘密捜査に従事し、一般市民に顔を知られたら拙《まず》いので、基本的に捕縛には携わらない。周囲にまったく人目がない状況下で犯罪が行なわれている現場に遭遇したら捕縛したかもしれないが、記録には残っていない。

三廻りのなかでは最古参の凄腕、練達の同心が隠密廻りに任命され、大いに幅を利かせた。現代では、出世の望めないノンキャリアの警察官にとっては警視庁刑事部捜査一課の刑事が憧れの的だが、それと似たような位置づけである。

隠密廻りの功績としては、時の老中・水野越前守忠邦《みずのえちぜんのかみただくに》によって行なわれた天保改革の際に、最大手の呉服店であった越後屋（現在の**三越**）・大丸・白木屋（現在の**東急百貨店**）に隠密調査に入り、天保一一年（一八四〇）六月分と同一二年六月分の売上高の比較分析を行なって、忠邦に報告書を提出している。

天保の改革は享保の改革、寛政の改革と並び、江戸三大改革の一つで、貨幣経済の発達に伴って逼迫した幕府財政の再興を目的とし、贅沢追放のために三大呉服店を調べたわけだが、これなどは、隠密廻りが捜査一課のみならず、**内閣情報調査室員**や**公正取引委員会**の委員的な役務をもこなしていた事実を物語る。

定町廻りの同心の役割

次に、定町廻り。これが、最も時代劇に登場する町奉行所同心の一般的な**制服組**である。

三廻り同心のうち、最も若い者が務めるが、それでも年齢的には四〇代後半からだった。つまり、定町廻りに抜擢されるまでの見習い期間が三〇年以上もあった（その三〇年間は、本所見廻り、牢屋敷見廻り、高積見廻りなど、経験が比較

小者　中間　同心

同心と中間、小物の出立ち

的浅くてもこなせる役務が割り当てられていた）。

盗賊の捕縛や犯罪の探索を目的に、毎日、町奉行所から出発して、江戸市中を四経路に分かれて、お互いに担当地域が重複しないように巡回した。

時代劇には「月番」という言葉が頻繁に出てきて、南北両町奉行所は一カ月交替で役務をこなしたが、月番でない同心（非番もしくは明番と称する）も巡回探索を行なった。

町奉行所は**裁判所**の役割を兼ねており、その裁判所の役割に関する民事訴訟の受付処理を南北町奉行所で一カ月交替にしていたので（そうしないと、処理しきれないほど大量の訴訟があった)、**刑事警察**の部署に関しては、年中無休だったのである。

同心の出動スタイルは、黒羽織の着流しで、夏ならば絽か紗の羽織を着、冬ならば頭巾を被《かぶ》った場合もあったが、たいていは被り物なし。履物は雪駄。朱房の十手を持ち、刃引きの長脇差を一本だけ差して、中間《ちゅうげん》一人に小者として岡っ引き二~三人を供に引き従えていた。このスタイルは、臨時廻りも同じである。

臨時廻りの同心の役割

さて、三廻り最後の臨時廻りについて述べよう。

そもそも臨時廻りは、定町廻りが老齢になって〝顧問〟とか〝予備役〟のようになった者、ととらえておけば、当たらずといえども遠からず。

つまり、臨時という肩書きはついているが、定町廻りよりも格上ということになる。当然、盗賊などの捕縛技術も臨時廻りのほうが巧みであった。「臨時」の文字にだまされてはいけない。

自身番屋、木戸番屋の機能

自身番屋

江戸府内には、ほぼ一町ごとに一カ所の自身番屋が設けられており、町奉行所などとは違って、腰障子の片側に「自身番」、反対側には町名がでかでかと書かれていた。

定町廻りと臨時廻りの同心は、何か異変が起きていないか、声を掛けつつ自身番を巡回していった。

自身番は火事を早期に発見する役目も負っていたので、屋根の上には火の見櫓《やぐら》と半鐘《はんしょう》も設けられていた。

火の見櫓が、本格的なものと、単に梯子《はしご》を立てた程度のものと大きな差があるように、自身番屋の構造にも相当な差があった。それは各町の自己負担によって建てられたからで、裕福な町なら広い自身番屋にして火の見櫓も高く立派なものにした。

自身番屋は各町に一つ、木戸番屋は複数あった。現在の交番の役目だが、自前で建てた事実からもわかるように、あくまで町内の自治による。

当初、自身番には家主《いえぬし》（後述）と町役人が詰めて町内を取り締まったが、治安が安定するにつれ、専門の人、親方あるいは「定番」と呼ぶ番人を置く方式に切り替えた。

この番人は現代なら**ガードマン**として雇われた**フリーター**のようなものだろう。したがって給料もまちまちだが、いずれにせよ安月給だったことは間違いない。

木戸番屋

俗に自身番屋が略して「番屋」と呼ばれることもあるので、つい混同されがちなのが、木戸番屋である（「番所」と言った場合には町奉行所のことを意味する）。

軽微な事件だと町奉行所まで犯人を連れて行かず、番屋で内々にすませてしまう事例も多々あったというから、まさに現代の交番、駐在所である。

自身番屋には定町廻り同心が定期的に立ち寄り、異常の有無をたずねた。ま

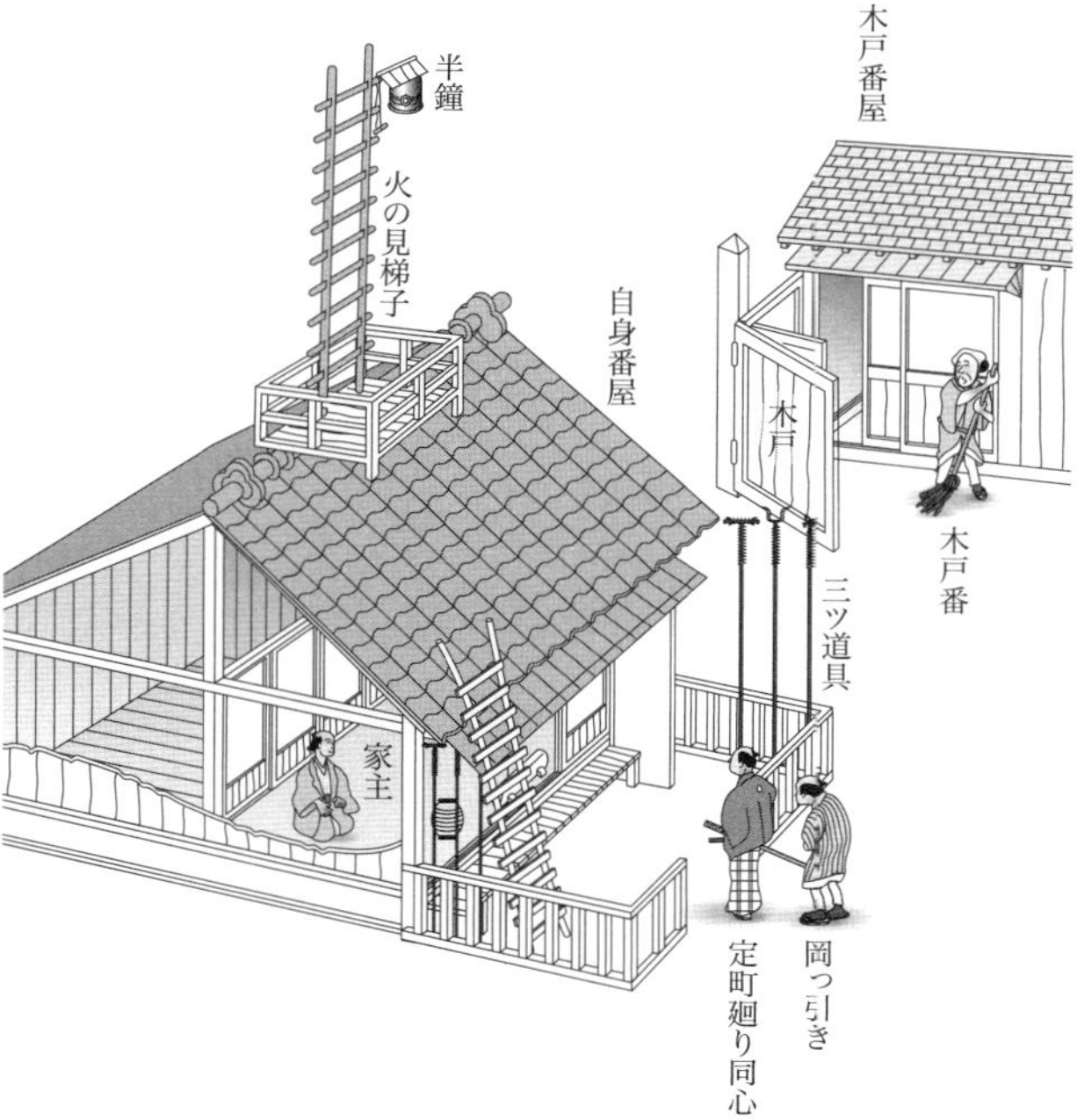

■自身番屋・木戸番屋（『江戸町奉行所事典』より）

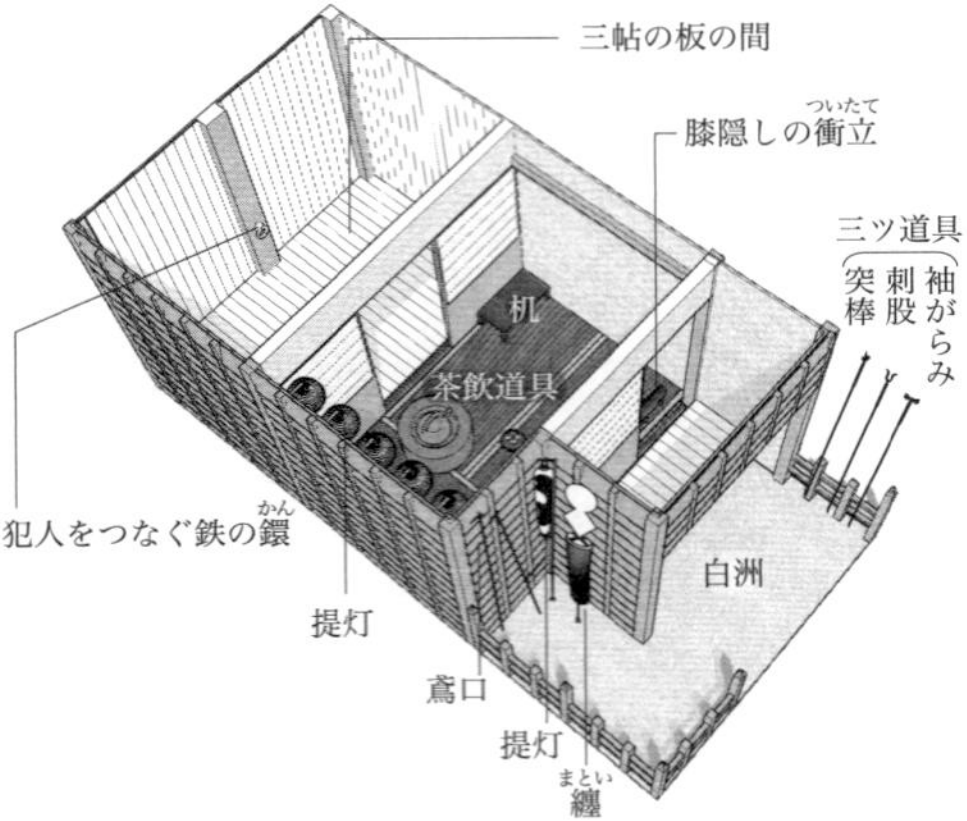

■自身番屋の内部の配置

た、自身番屋には詰め所があり、普段は町内の相談事などに使われているが、容疑者を留置する施設も兼ねている。

容疑者を捕えた場合は、定町廻り同心が立ち寄ったときに取り調べ、さらに大番屋へ連行して吟味する。そこで罪科を課するほどでもないときは説諭して放免し、罰せねばならないときは、町奉行所に連れて行って仮牢に入れ、吟味方与力が取り調べる。家主には、これに付き添う義務があった。

極めて交番に近いシステムだが、あくまで民間によって運営されていたことに特徴がある。江戸幕府は、このようにして「小さい政府」を実現していた。

木戸番屋は各町とも隣町との境に置かれ、木戸は木戸番によって亥《い》の刻（午後一〇時頃）に閉められ、明《あけ》六つ（夏至のときはだいたい午前四時、冬至のときはだいたい午前六時。要するに日の出の時）に開けられた。自身番と木戸番屋は、たいてい木戸を挟んで向かい合う格好で設けられていた。

木戸番屋は「番小屋」とも呼ばれ、ここを住居としている番人が「番太郎」で、雑貨店を兼ね、草鞋《ぞうり》・蠟燭《ろうそく》・駄菓子・焼き芋・白玉・金魚などを商っていた。

番太郎の身分は、自身番の定番よりもさらに低く、現代風にいえば、住所不定のフリーターが**住込み管理人**に雇われたようなもので、給料だけではとても生活できないため、番小屋で雑貨商を営むことが容認されたのである。

木戸もまた、浮世絵など往時の絵に描かれており、さまざまなデザインの木戸があったことがわかる。

東海道五十三次のスタート地点の日本橋にも、木戸が設けられていて、夜中に日本橋を渡ることはできなかった。

辻番

町方の自身番にあたるものが武家屋敷にもあり、辻番と呼ばれ、幕末には九一〇カ所の辻番があった。辻番には、
一、公儀辻番……幕府の指示で建てられたもの
二、一手持ちの辻番……大名によって設置されたもの
三、組合辻番……いくつかの大名や旗本が集まって設けたもの
があり、うち六五〇カ所は組合辻番であった。

辻番は本来、辻斬り強盗を取り締まるために設けられたもので、不審者が通った際には、監督者にあたる御目付衆に報告する義務が定められていた。寛文三年(一六六三)の辻番心得(覚え書き)によると、昼四人・夜六人の不寝番で、給金は年間三両であった。

辻番には年齢制限があり、「六〇才以上の者は使ってはならない」規則になっていたが、泰平の世になるにつれて高齢化し、隠居の仕事になっていった。逆を言えば、それだけ江戸の治安が良好だった、ということである。

現在の交番ネットワークをさらに細かくしたような自身番・木戸番・辻番システムは、木戸で物理的に夜間の人の出入りを制限した効果も相まって、江戸の治安に大きな貢献をしていた。

町奉行所や火盗改が極端に小規模な刑事警察システムであったにもかかわらず、幕末動乱期以外は江戸の治安を守れたのは、自身番・木戸番・辻番システムによるところが大きかったのだ。

岡っ引きと下っ引き、中間《ちゅうげん》、小者とは

岡っ引き、下っ引き

定町廻りや臨時廻りの同心に付き従ったり、独自に行動して聞き込み捜査を行なう〝臨時雇い〟が、岡っ引きや下っ引きである。

臨時雇いである以上、どんな大手柄を立てようが、同心に昇進することはありえない。同心が、ごく稀に与力に昇進することがあるのとは次元が違う。

たとえば、**地方公務員が国家公務員にヘッド・ハント**される事例は、ないではないが、公務員試験に受かっていない人間は公務員には絶対なれない、というこ

と似ている。

岡っ引きの「岡」とは「正規に認められていない」という意味だ。たとえば「岡場所」は幕府公認の吉原以外の遊郭を指すし、「岡目八目」は「正規の対戦当事者でない、横で見ている人間のほうが八目ぐらい先まで手筋が読める」という意味である。

〝逮捕権限〟のある同心が犯罪者を捕縛して奉行所に引っ張ることを「本引き」と呼び、正規の権限のない者が捕縛して引っ張ることを「岡引き」と呼び、それが岡っ引きの語源の由来である。岡っ引きはほかに、目明かし、手先、首代《くびだい》、口問《くちどい》、御用聞きなどとも呼ばれた。

岡っ引きはそもそも、与力と同心の人手不足を補うため、犯罪者のなかから改心して気の利いた者に仲間や同業犯罪者を密告させる〝毒をもって毒を制する〟ということから始まった。

テレビドラマに登場する岡っ引きは、よく「お上の十手《じって》を預かる」などと言っているが、そもそも正規の権限がないのだから、十手を預かれるわけがない。

同心と一緒に行動するときだけ、同心が捕縛道具として貸し与えた〝正規でない十手〟の使用が認められたが、単独行動のときに十手を使用することは認められていなかった。

つまり、岡っ引きが単独行動や、部下の下っ引きと一緒に犯罪者を捕縛する場合には、素手で不意を突いて取り押さえる以外になかったのだ。

長らく岡っ引きをやって、手柄も何度か立てると、直属の同心から、直筆の手札（同心私製の身分証明書のようなもの）がもらえるし、あちこちから付け届けなどももらえるようになって〝親分〟として顔を立てられる状態になるので、この臨時収入によって何人かの子分が持てる状態になる。

この子分が下っ引きで、同心直属ではないから、同心さえ顔を知らない下っ引きの存在もおおいにあった。

中間、小者

このように岡っ引きと下っ引きは〝非公式人員〟だが、中間《ちゅうげん》は別で、与力と同心に対し町奉行所から一名ずつつけられていた公式の家来である。

給料は、年俸でたったの三両。米の物価を基準にして考えると、現代なら月給一万円に相当する超貧乏人で、付け届けの類がなければやっていけない待遇であった。

中間は服装が決まっていて、千種《ちぐさ》の股引《ももひき》（手の込んだ細かい模様のもの）を穿《は》き、黒い脚絆《きゃはん》を巻いていた。これは捕物の際に迅速に行動できるための服装である（三五ページ）。

通常の犯罪人捕縛では、基本的に与力や同心は動かず、岡っ引き、下っ引き、中間、小者などが、寄って集《たか》って捕縛した。

ほんのわずかの〝アルバイト料〟で最も危険な捕縛活動に従事するので、日頃から熱心に稽古して、十手術や捕縄術に関しては、与力や同心よりもはるかに熟達した者も多かった。

小者は、同心が私費で雇う非公式の〝臨時雇い〟で、岡っ引きも同心と行動を共にしていれば、小者に含まれる。

同心と日常の行動を共にしていない岡っ引きが町奉行所から「手先」と呼ばれる存在で、岡っ引きの大多数が手先に分類される。テレビドラマの岡っ引きも、やはり大多数が手先に分類される者たちである。

同心一人につき、岡っ引きが二～三人いて、その各岡っ引きに、部下として八人前後の下っ引きが付いた。

岡っ引きと下っ引きがトータルしてどの程度の人数だったのかは、確かな記録がないのでわからない。一説によれば、幕末の動乱期には五〇〇名前後にまで増えていたそうである。

それが明治維新後は、大多数が巡査として採用された。その日暮らしのフリーターが、技術を買われて一気に国家公務員にスカウトされたようなもので、大変な出世である。

町年寄、名主、地主の役割

町年寄

町年寄は、実際の江戸の市政を担当する、現代でいえば、**副知事**とか**区長**にあたる役職だ。町年寄は町人だが、身分は公吏だった。

町奉行と名主の間に立ち、町奉行の支配を受けて触書《ふれがき》などの幕府の令達を円滑に各地に伝え、町名主の任免と商人・職人仲間の統制、収税・小訴訟・人別集計・神田上水と玉川上水の管理（上水管理は元禄六年＝一六九三年まで）を司った。

また、町年寄、名主、地主の三者の承諾なしに勝手に土地の売買をすることは許されていなかった。現代の**法務局の土地登記所の役目**を負っていたわけだ。

町年寄は町人だが、苗字帯刀を許され、年頭の慶賀挨拶やもろもろの大礼（新将軍即位とか将軍嫡子誕生など）のときなど、年に数度だが将軍拝謁の機会もあった。

つまり、将軍を見ることもできない、御目見《おめみえ》以下だった町奉行所与力や同心よりも、身分的には上ということになる。

名主

町年寄が副知事や区長なら、こちらは区長や**助役**にあたる。必ずしも、一人につき一つの町を支配していたわけではなく、二、三もの町を支配していた者もいた。

公務を自宅で取り扱うことから、町人には許されない玄関構えを許されていたため、名主のことを「玄関」とも呼ぶ。

当時、一般庶民の家庭に玄関は存在しなかった。玄関とは、地面に足を下ろさずに直接駕籠に乗れるよう、式台を備えた出入り口の部屋を指すからだ。五〇ページの図で、名主が座っている場所が、式台である。一般家庭の出入り口は、単なる「上がり口」にすぎない。

名主の職務は、主に三つある。

一、**町触れの伝達**……町奉行所または町年寄役所より達せられた伝達事項を、町の隅々まで伝達する仕事。自身番へ大書して貼り出したり、住民の承知印を取る場合もあった。

広い江戸だが、このシステムはうまく機能していたようだ。

二、**人別改**……今の戸籍調べであり、毎年四月に「人別帳」を三冊作り、町年寄を通じて、南北両奉行所に提出する（一冊は名主が保管）。

三、**玄関の裁き**……町内の紛争のほとんどは名主の玄関で裁決される。町内のトラブルの大多数は、ここで解決された。ここで解決されず、訴訟となった場

■玄関の裁き

合、名主は付き添って出廷せねばならない。支配下の住民が訴えられたときも、同様である。

また、町内の諸経費を監察して町費がかさまないようにしたり、火事が起きた場合は火消人足を連れて出動したり、細かい仕事は際限がなかった。

町人に対しては強い権限を持ち、横暴にふるまって処分を受けた者も多い。

給料は、二両二分から三〇一両三分までと、新旧や格式の違いで開きがあった。大多数は一〇〇両以下で、七〇両～八〇両の範囲の者が最も多かった。副収入も多かったが、原則として副業は認められなかった。

現在の区政に加えて、簡易裁判所の役割も果たしているため、その権力は現在の区長の比ではない。名主がどんな人物かどうかは、生活の快適さに大きく影響したようだ。

地主と家主《やぬし》

「いえぬし」が地主で、「やぬし」が「大家と言えば親も同然」の大家。こちらは「差配人」ともいう。大家と地主を兼ねる家持もいたが、多くは地主から雇われて家主を務めた。

家主は地主から給料をもらい、自らも地主から借りた家に住んでいる。今でいう住み込みの管理人だ。給料（平均して三両二分）以外に、下肥（汲み取りの排泄物）を農家に肥料として売って得る収入も多かった。

もちろん、仕事も多い。支配下の町人が訴訟を起こした場合には、名主とともに付き添うことになっているし、諸役の検視に立ち会い、囚人を預かることもあった。道路修理や火の番夜廻りの監督、町中の諸経費を計算して地主の負担額を算出しなくてはならなかった。これらは本来、地主の仕事なのだが、次第に家主が引き受けるようになった。

家主は「五人組」という組合を組んで、月番（一カ月交替）で町の管理にあたった。

町内のトラブルなどは「玄関の裁き」に至る前に、家主の立ち会いのもと、話し合いで解決する事例のほうが多かった。

人足寄場《にんそくよせば》とは

人足寄場は江戸近郊にいた無宿人のうち、捕縛されて入墨あるいは敲《たたき》の刑（第二章参照）になった者や、吟味したものの無罪が確定した、いわゆる住所不定無職の者を収容した授産施設。

寛政二年（一七九〇）に、火付盗賊改の長谷川平蔵宣以《はせがわへいぞうのぶため》（いわゆる〝鬼の平蔵〟）が時の老中・松平越中守定信《まつだいらえっちゅうのかみさだのぶ》に建白、石川島と佃島《つくだじま》の中間点の砂洲《さす》を埋め立てて設立し、事務責任者として人足寄場奉行を置いた。

入墨の刑は、窃盗罪に対して行なわれ、何本の入墨が入っているかで「前科」

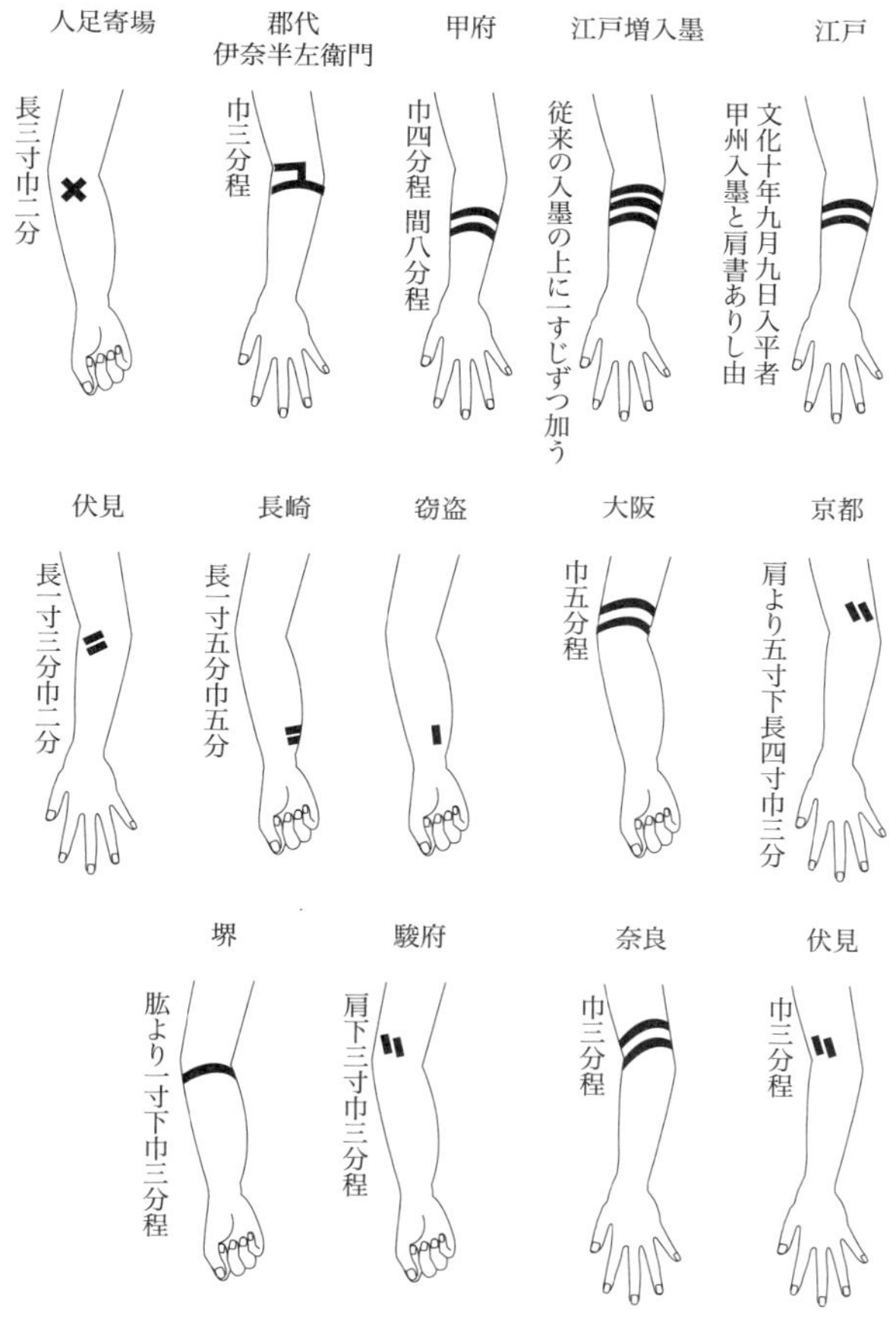

■各地の入墨刑の種類（「徳川幕府刑事図譜」より）

が一目瞭然にわかるシステムになっていた。入墨の入れ方は、地域によってデザインが異なっていた。

人足寄場には町奉行の名代として、南北町奉行所から与力二騎が隔日交替に出役し、実務の指揮を執った。

後期の文政年間になると、江戸所払《ところばらい》以上の罪を宣告された者のなかから、情状によっては五年程度の人足寄場送り処分という、追放刑に換える刑として、懲役刑場の性格も持つようになる。

人足寄場懲役制度は、天保九年（一八三八）に廃止されたが、やはり必要だという判断で、二年後の天保一一年には復活した。

吉宗や〝天下の副将軍〟水戸《みと》光圀《みつくに》、大岡忠相《おおおかただすけ》に比べて身分は低いが、このあたりの長谷川平蔵の先見性はすごい。

人足寄場を取り上げた小説としては、山本周五郎《やまもとしゅうごろう》の『さぶ』が挙げられる。

第二章

犯罪発生から一件落着まで

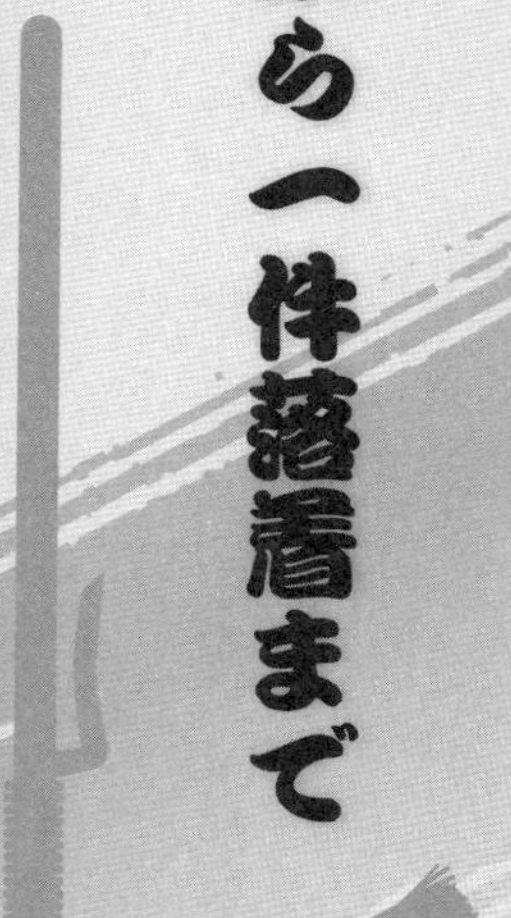

江戸の犯罪

江戸幕府は犯罪の統計に熱心ではなく、あまり記録が残っていない。純粋の統計としては、わずかに幕末の数年間の記録が残るのみである（次ページ表「幕末の犯罪統計」）。

死刑が四年間で四二七人、流刑地である伊豆諸島への遠島は一〇三人（年次別データは未記載。総数のみ掲載）である。追放刑のほかにも、手鎖などの軽罪に対する刑があるが、そちらの統計は残っていない。

石川島の人足寄場送りが現在の**懲役刑**に相当するものの、江戸時代には懲役刑が存在しない。

捜査から刑の申し渡しまで

犯罪が発生すると、たいていは自身番屋を通して定町廻り同心に届け出ることになる。一一〇番はないから、現代なら、真っ先に**最寄りの交番**に駆け込むわけである。

■幕末の犯罪統計

なお、カッコ内は、刑執行のあと石川島人足寄場に送致し、収容した人数である。

		文久二年	文久三年	元治元年	慶応元年	刑種別計
死刑	引き廻し磔	3	0	1	1	5
	磔	0	0	0	2	2
	引き廻し獄門	7	2	2	5	16
	獄門	33	24	19	31	107
	火罪	2	3	5	0	10
	死罪	74	49	54	58	235
	下手人	1	0	0	1	2
	年次別計	139	92	87	109	427
追放刑	重追放	14(13)	8 (8)	11(6)	12 (7)	45 (34)
	中追放	39(30)	32(32)	16(13)	32(29)	119(104)
	軽追放	6 (4)	0	2 (2)	6 (3)	14 (9)
	江戸十里四方追放	11 (4)	6 (5)	3 (2)	7 (5)	27 (16)
	江戸払	3 (3)	1 (1)	1 (0)	1 (0)	6 (4)
	所払	0	1 (0)	0	2 (0)	3 (0)
	入墨刑の上追放	13(10)	10(10)	6 (6)	18(16)	47 (42)
	敲刑の上追放	13 (8)	9 (7)	8 (7)	9 (5)	39 (27)
	年次別計	99(72)	67(63)	47(36)	87(65)	300(236)

それから捜査が始まるわけだが、時代劇によくあるように、同心が直接歩き回って捜査をすることは少ない（それだけ大勢の人数がいない）。たいていは岡っ引きや下っ引きが捜査をする。捜査をするといっても、現代のような科学捜査があるわけではないから、日頃から彼らが培っている情報ネットワークを生かして聞き込みをする。

容疑者や参考人が挙がると、町役人に言って自身番まで連れてこさせる。素直に来そうもない場合は、小者をやって縛ってこさせる。

時代劇では与力や同心が出役し、派手な捕り物が展開されるところだが、たいていは恐れ入って、しょっぴかれたようである。恐れ入らない大悪党は町奉行所の手には負えないので、火付盗賊改の出番となる。

「預かり」か「放免」か

自身番に連れてこられた容疑者は、定町廻り同心が取り調べる。廻り方は手慣れたもので、ここで、

一、町内預かりにする

二、放免する
三、「送り」（牢屋送り）にする
のいずれかを即決する。

町内預かりとは、名主の責任で監督下に置くということで、現在の**保護観察**と思えばいいだろう。無罪と思われれば、当然そこで放免する。

ここで相当数が、一か二で処置される。そうすれば、容疑者から、謝礼の付け届けがもらえるからだ。それで同心も、岡っ引きや下っ引きも、懐が潤う。

三の牢屋送りにしても、死罪、それも市中引き廻しのうえで獄門に処されることが確実なよほどの大悪党でない限り、同心の俸禄が**功労賞でベースアップ**されることはない。

しかも、牢屋の収容人数は限られているし、運営予算も決まっているから、できるだけ一か二の穏便な処分ですませ、経費節減と同時に自分の収入も図るという一石二鳥を同心としては考えたわけである。

「送り」になった場合

さて、「送り」にする場合は、さらに詳しく取り調べるため、大番屋《おおばんや》（調番屋《しらべばんや》）に護送することになる。江戸には、この大番屋が七〜八軒あった。現代の**留置場**である。

最も有名な大番屋は、茅場町《かやばちょう》の番屋と、本材木町三、四丁目にあった「三四《さんし》の番屋」である。連れて行く番屋は、厳密に決まっているわけではなく、近い番屋に連れて行った。この護送にあたるのも、やはり小者で、名主などの町役人も付き添う。

大番屋では参考人も呼ばれ、同心だけでなく与力も出てきて慎重に取り調べる。現代の**任意同行による逮捕前の事情聴取**にあたる。この時代でもやはり、牢（留置場）に入れるという処遇は、決して軽いことではなかった。

もっとも、治安の悪化した幕末には牢に入れるだけのスペースと予算がなくなり、できるだけ放免する方針を取っていたこともあったらしい。

この調べで、いよいよ罪科が動かぬとなったら、一件書類を揃え、町奉行に入牢証文を請求する。現代の**地裁への逮捕状請求**に相当する。証文が発行されるまで、容疑者は大番屋の留置場に留め置かれる。

身柄拘束、牢屋敷へ

町奉行所には用部屋《ようべや》という官房があり、そこに手付の同心が一〇人詰めていて、公用人と呼ばれた。書類は彼らの手を経て吟味方《ぎんみがた》に回り、彼らの確認を経て用部屋から入牢証文が発行され、当番方《とうばんがた》に渡される。この証文は、牢屋奉行《ろうやぶぎょう》の石出帯刀《いしでたてわき》に渡されるのである。

さて、入牢証文が出ると、容疑者の身柄は伝馬町《てんまちょう》の牢屋敷に移される。護送には同心と名主が付き添うが、実際に縄尻を取るのは、やはり小者である。

入牢すると今一度、吟味方与力による取り調べがある。ここで無罪となれば晴れて放免、のはずだが、そんなことはほとんど起こらない。

調べが終わると、牢屋の帳面に次のように書き込まれる。

「何年何月何日入牢、何年何月何日再入牢」

吟味方の調べが終わったあとのことを再入牢という。調べが終わるまでは彼（女）は容疑者であるが、この調べ以降は刑事被告人となるからである。

ここから本格的な吟味方与力の取り調べが始まる。拷問などが行なわれるのは、この段階である。

何しろ初期の取り調べを担当した定町廻りの「心証」で、与力にしても有罪だという先入観を持っているから、取り調べは熾烈を極めた。

また、火付盗賊改のなかには、捕縛までは熱心にやるが、取り調べに関しては調書を取るのが面倒で、町奉行所に丸投げした横着者も少なくなかったから、そういう取り調べは当然のことながら厳重になる。

そもそも、火付盗賊改の引き継ぎ調書（御仕置伺帳《おしおきうかがいちょう》）がたった一冊しか残っていない。「どうやってお役目を果たしたらよいかさっぱりわからない」と、長谷川平蔵から引き継いで、寛政七年（一七九五）から翌八年にかけて火付盗賊改方頭になった森山源五郎孝盛《もりやまげんごろうたかもり》が愚痴っているくらいである。

長谷川平蔵は調書を残しているが、それ以前の火付盗賊改方頭は、誰一人として調書を残さなかった可能性が高い。

お白洲での吟味

容疑者は、通常は牢内の穿鑿所《せんさくじょ》（白洲）で取り調べられるが、事件によっては奉行所へ護送されて、奉行直々の取り調べを受ける。

第五章の八百屋お七事件の項目で詳述するが、放火犯のお七を捕えた火付盗賊改方頭の中山勘解由《かげゆ》父子も取り調べを南町奉行の甲斐庄飛騨守正親《かいしょうひだのかみまさちか》に丸投げした。

また、第四章で詳しく触れるが、岡っ引きによる無宿者・伝兵衛の放火冤罪デッチ上げ事件は、火付盗賊改がかかわっていた重大事とあって、大岡越前が直々に取り調べている。

とにかく町奉行所は現代の日本警察以上に自白第一主義である。明確な証拠があっても、自白を引き出すまで尋問は終わらない。拷問の箇所で詳述するが、延々と何年間も拷問に堪え続けた剛の者も、何人か記録に残っている。

尋問が終わると、調書が作成され、被告人が拇印を押す。これを口書爪印《くちがきつめいん》と言った。あとは奉行の申し渡し、つまり刑の宣告を待つばかりである。

享保以来、未決囚として牢屋敷に入れられる期間は、だいたい半年となった。

期間中に牢死した場合も、口書爪印がすんでいれば、申渡書が作られ、生存していた場合の刑罰が記された。

捕り物について

犯罪者の捕縛は、通常は穏やかにすみ、大げさな捕り物になることは多くない。

だが、乱暴狼藉者が出たり、犯人が民家等に立て籠もって抵抗した場合、捕り物のために出動することになる。これを捕物検視《とりものけんし》出役《しゅつやく》（捕物出役《とりものしゅつやく》）という。

一例を挙げると、享保八年（一七二三）に起きたもので、元飯田町（現在の九段北）にあった薬種《やくしゅ》屋の手代が、番頭と大喧嘩になって刺殺、取り押さえようとした朋輩にも手傷を負わせ、二階に立て籠もった、という死傷事件があった。

何しろ事件現場が薬種屋だ。胡椒などを目潰しに次々と投げつけられるので、出役した南北町奉行所の捕方も、どうにも手に負えない。

北町奉行の諏訪美濃守頼篤《すわみののかみよりあつ》配下の同心・佐藤治部右衛門《さとうじぶえもん》、浅尾庄次郎《あさおしょうじろう》、南町奉行の大岡越前守忠相配下の同心・林与一郎《はやしよいちろう》、保田伴内《やすだばんない》などが捕縛し損じて、

■与力、同心の出役姿

手傷を負わされる惨憺たるありさまとなった。

何しろ犯人にしても、捕まれば市中引き廻しのうえで獄門の極刑は免れないから、躍起となったわけである。最終的に、どうにか捕縛には成功した。

この事件の際の検使与力として、南町奉行所から荻野仁右衛門《おぎのじんえもん》が、北町奉行所から後藤三郎兵衛《ごとうさぶろうひょうえ》が出役している。このように凶悪刑事事件の際には南北町奉行所から揃って捕方が出動するので、「月番の町奉行所のみの出動で、非番の町奉行所は出動もしないし権限もない」という

■捕り方いろいろ

のは間違いである。

通常は当番方与力一人、平同心三人に、与力の従者（中間一人、若党二人、草履取一人）、同心の従者（物持《ものもち》という）、手先という構成で出役するが、犯人が多ければ人数を増やす。

一同の準備が整うと、町奉行は与力に「検使に参れ」、同心には「十分に働け」と声を掛け、桐の実を三宝に乗せたものを出して水杯させた。

同心二名を一番手、二番手に分け、町奉行は玄関で見送りし、町奉行所の大門を開かせて出発させた。

犯人の捕縛は捕方同心の役目であり、十手を持って組み敷いて縄を掛ける。だが、犯人が凶器を持っていて危険な場合は、検使与力が「斬り捨てても可」の命令を下す。その場合、与力も槍を持って援護する。

しかし、できうる限り捕縛するのが町奉行所の基本方針であったようだ（火付盗賊改は比較的簡単に斬り捨てた）。

犯人を捕縛したら、捕縛した順席（手柄の順番）を決め、月番の奉行所に連行して大門より入り、奉行に報告する。

捕り物例・丸橋忠弥《まるはしちゅうや》の召し取り

実際の奉行所による捕り物の例として、丸橋忠弥の捕縛を挙げよう。

忠弥は、慶安四年（一六五一）、由井正雪《ゆいしょうせつ》（由比とも書く）が幕府転覆のクーデターを企てて捕えられた「慶安の変」で、正雪の腹心として活動した槍の達人である。

一味に加わっていた奥村八左衛門《おくむらやざえもん》の密告により企てを知った町奉行所は、ただちに捕縛の準備を始めた。

当時の奉行は、北町奉行が石谷十蔵《いしがやじゅうぞう》（左近将監《さこんしょうげん》）貞勝《さだかつ》、南町奉行が神尾備前守元勝《かんおびぜんのかみもとかつ》であった。

北町奉行所が先手を務め、与力二名と同心一二名を出役。後詰めの南町奉行所からは、与力一名と同心一二名が出役した。無論、相当数の小者が同道したはずであり、一〇〇人近い全容だったのではないか。

七月二四日、夜の更けるのを待って一同は出役した。向かう先は本郷弓町の丸橋道場。一同は入念に包囲網を固め、近所の家々はもちろん、二階の戸口にまで人配りをした。

手配を終えると、捕方は大竹を割って、火事のような音を立てながら怒鳴った。

「火事だ！　火事だ！」

忠弥は近所で火事が起きたと思い、跳ね起きて飛び出してきた。忠弥が手に何も持っていないのを見てとった同心二人が体当たりをくらわせ、さらに二名の同心が飛びつき、瞬く間に忠弥を捕らえてしまった。

捕方が証拠の品を求めて家に踏み込むと、忠弥の奥方が静かに制した。

「お騒ぎあるな。奥には老母と一人の娘がいるだけです」

少し捕方を待たせ、身繕いをして縄にかかったという。

このように忠弥捕縛は比較的穏やかにすんだが、残る一味の検挙には手を焼いた。

やはり密訴によって一味の隠れ場所を突き止めた南町・北町両奉行所は、二四人の同心（おそらく与力も三名）を送り込んだが、今度は先方も用心していた。

不意打ちに失敗した捕方は、暴れ回る三人の浪人を取り押さえるのに手こずり、同心六名の負傷者を出した。小者の死傷者は記録されていないが、もっと多かっただろう。

元禄時代には中町奉行所もあったが、これはほどなく廃止される。この慶安の変以降も、非常時には月番でなくても取り締まりには出動することになり、非番で行なわないのは訴訟受理だけとなった（それ以前は非番の月には与力と同心が総出で残務整理を行なった）。

中町奉行所が設置されていたのは、元禄一五年（一七〇二）閏八月〜享保四年（一七一九）一月までの一六年半だけである。

捕物道具について

取り調べによって事件の背景を探ることが必要だったため、武装した者が暴れていても、なるべく生きたまま捕えることを要求された。そのため、町奉行所では捕物道具と捕縛術が発達した。

これらの捕物道具は明治に入ると廃《すた》れたが、最近になって通り魔的な凶悪犯の事件が相次いだことから、学校などの警備用品として見直されつつある。また、

■三ツ道具

突棒

刺股

袖がらみ

捕縛術は警察に受け継がれ、実戦に使われている。

以下、時代劇でよく見かける主なものを紹介しよう。

三ツ道具

三種類の長柄の捕物道具を三ツ道具と呼び、自身番などに備え付けられていた。これらの道具は、室町末期頃からあったといわれている。

突棒《つくぼう》……九尺（二七三センチ）から二間（三六四センチ）くらいの木製の柄の先に鈎《かぎ》や刺《とげ》のついた鉄具がつけられ、槍でいう太刀打ちに当たる所にも、つかまれたり刀で斬り折られたり

■呼子笛

鉄銀蛭巻き

しないように刺を植えた鉄板をつけたもの。相手の衣服や髪を絡めて自由を奪い、攻撃を受け止めるのに使う。

刺股《さすまた》……突棒と同じような構造だが、先端が二股になっていて、相手の衣服や髪を絡め取るだけでなく、喉や手足を押さえつけるのに使われた。

袖《そで》**がらみ**……突棒と同じ柄に、先端にT字型の刺のある金具がついたもので、相手の攻撃を受け止めたり、袖を絡め取るのに使う。

呼《よび》**子**《こ》**笛**《ふえ》

時代劇の捕物帖でおなじみの、あの笛である。当時は声が届かないところ

■龕燈提灯（捕物用燈火）

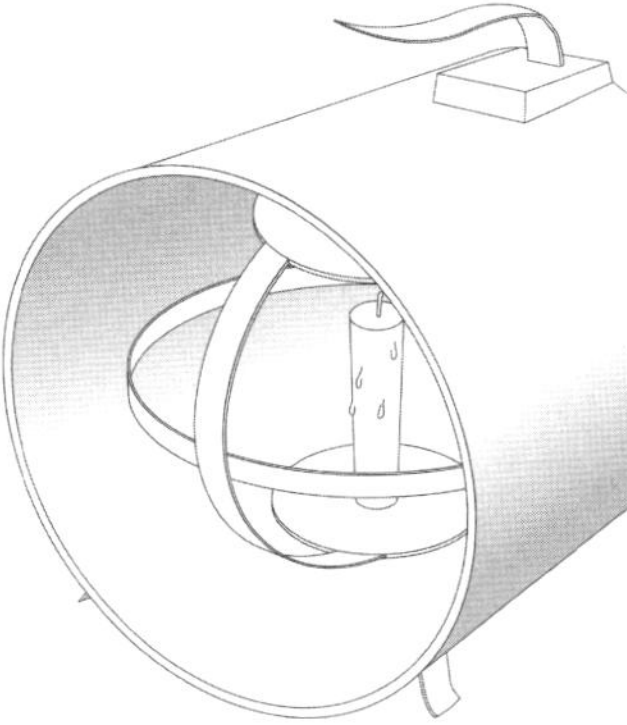

まで離れると、もうこれでしか連絡の取りようがなかった。無線や携帯電話のある現代の警察でも便利に使われているのだから、当時の便利さは、このうえもなかったであろう。

龕灯《がんどう》提灯《ちょうちん》（強盗《がんどう》提灯とも書いた）

もとは忍者道具だが、捕物帖でもよく使われているのでご存じだろう。テレビの捕物帖では**サーチライト**のように悪人を照らし出すが、実際の光量は大したことはない。それでも電気のない時代、この明かりはどれほど役に立ったことだろうか。覆いがあるので風で消えないし、中が**ジャイロ**のように、水平を維持する構造になっているので傾けても大丈夫。そのうえ、自分は明かりを直《じか》に見ないですむ（明かりを直に見ると夜目が利かなくなる）と、いいことづくめの明かりだった。もちろん普通に、松明《たいまつ》なども使っている。

御用提灯《ごようぢょうちん》

これも捕物帖でおなじみだが、町奉行所は正面に「御用」と書いてある御用提灯を使用しないのをご存じだろうか。江戸時代、町奉行所の使う提灯と同じものを制作することは、極めて重い罪に問われたため（**警察手帳や警察の制服のニセモノを作るようなもの**である）、歌舞伎の捕物劇の舞台で町奉行所が登場する際に作られたのが「御用」と大書された提灯である。意図的に実行された時代考証間違いが、その後も時代劇で、そのまま踏襲されてしまったわけだ。

実際には南町と北町で異なる模様と文字を書き込んでいた。南町奉行所のものは、正面に「南町奉行所」と書かれ、胴の右と左に「御用」、胴の上部に黒で一本、白抜きで一本、赤で一本の山型模様が描かれている。これは「三波」、つまりミナミをあらわす。北町奉行所のものは、正面に「北町奉行所」、左右に「御

■太刀奪い

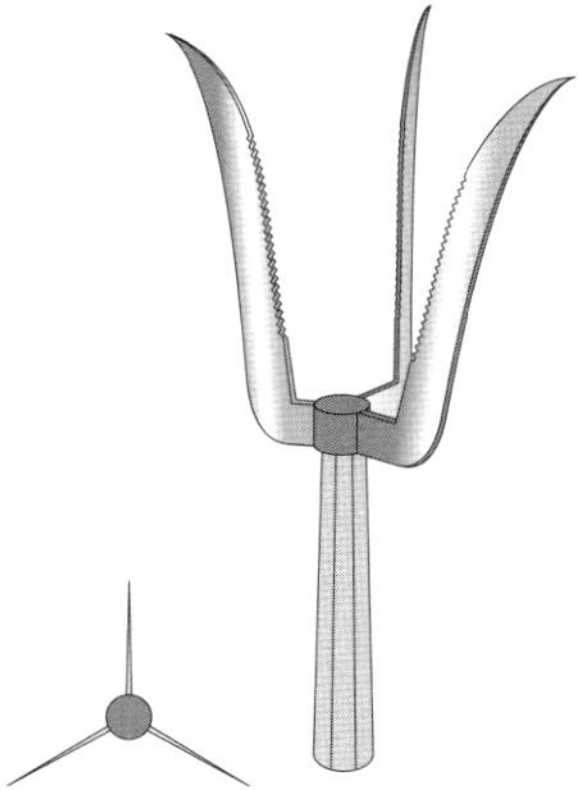

用」、胴の上部には正面から見ると「北」に見えるデザインが赤と黒で施されている。この御用提灯は、明かりとしてではなく、公儀の御用であることを示すために用いられた。

刀奪い・太刀奪い

四尺二寸（一二八センチ）以上の六角の樫の棒の先端に、三つ叉の鍛鉄《たんてつ》の金具をつけたもの。敵の刀を、この金具で受け、棒をねじると、てこの原理で奪い取ることができる。

万力鎖

鎖分銅、鎖十手などとも呼ばれる。

万力鎖

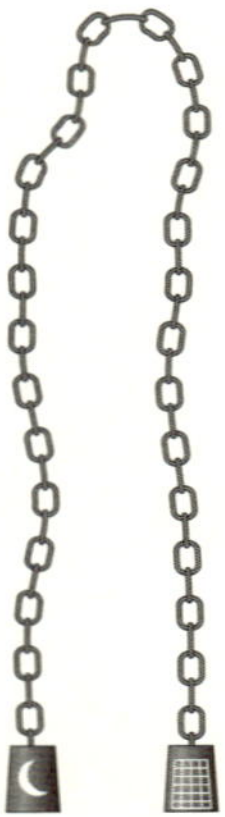

鉄鎖の両端に、鉄の分銅を取り付けたものである。長さは六〇センチくらいから、長いものでは一メートル二〇センチにもなる。携帯や隠匿に便利で、分銅を投擲して打撃を加えることもできるし、鎖で相手の武器を絡め取ったり、自由を奪ったりすることもできるので、重宝したようである。

鉄刀

鍛鉄製の、刃の付いていない刀。斬ることはできないが、防御や打撃に用いる。町奉行所は、犯罪者を斬り捨てるのではなく、捕えて裁きにかけるのが仕事なので、便利な捕具だった。

自殺防止道具

一伝流口中鉤　　自殺防止用筒

レ状の鉤を口の中に入れて舌を噛めないようにし、外せないように首を一巡して、窒息しない程度に緩く絞める。

なえし

鉤のない十手で、十手を持ち歩けない身分の下っ引きなどが用いていた。当然、私物である。

口中鉤と自殺防止用筒

形状は違うが、どちらも、舌を噛んで死ねないようにするための捕具である。口の中に入れて、自殺を防止しつつ尋問は可能な（しゃべれる）構造に作られている。

十手のいろいろ

十手は、本来は与力や同心の身分証だが（岡っ引きの持っているのは房のない私物である）、捕具としても有効に使われた。その主なものを紹介しよう。

江戸町方与力の十手

真鍮製で、「銀流し」「金メッキ」が施されていることが多い。九寸（二七センチ）～一尺（三〇センチ）の長さ。房紐は一尺五寸（四五センチ）～二尺（六一センチ）までの、絹で縒《よ》った錆朱色のものをつけている。稀に、手柄を立てた恩賞として拝領した紫色の房紐をつけていることもある。

十手名所《じってなどころ》

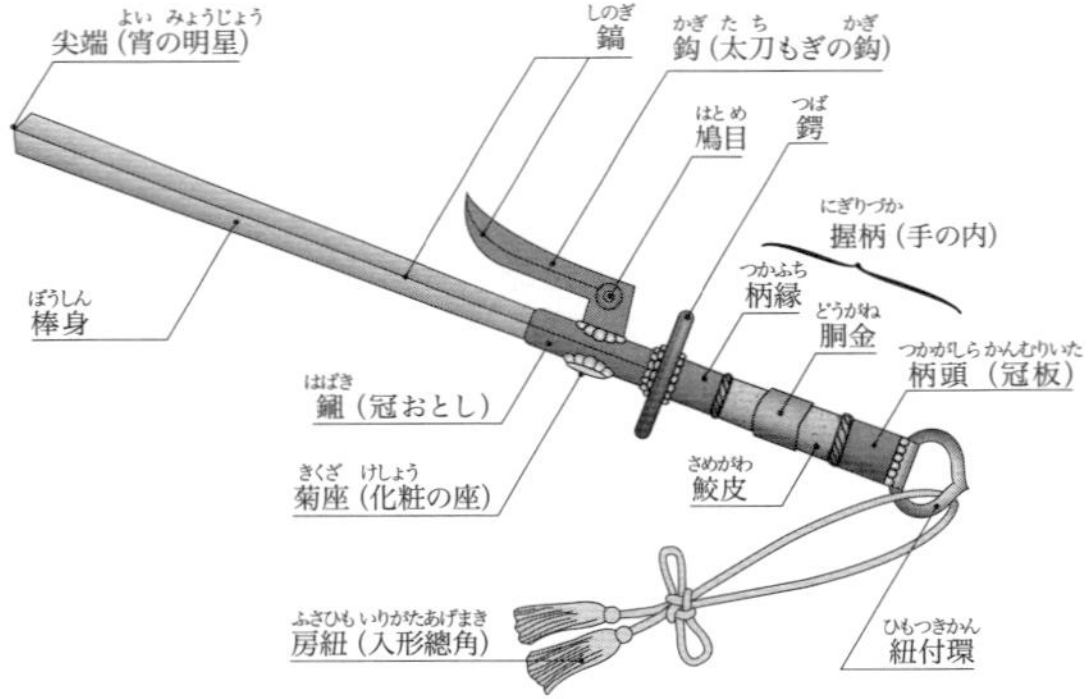

火付盗賊改が使用した十手

町奉行所の与力や同心の十手と違い、十手を実戦的に用いての捕縛を想定しているので、太く長く、頑丈にできている。また、これが定番というわけではなく、さまざまなデザインがあるが、頑丈で長いという点は共通している。

江戸町方同心の十手

材質・長さ等は、与力のものとほぼ同じ。房紐も与力と同じもので、あまり違いがない。ただし、私物の十手には握り柄に唐草彫りや定紋を彫刻するなど、凝ったデザインのものが多い。

なぜ私物の十手が存在するかというと、官給品の十手を紛失すると、大変な事態になるからである（**警官が拳銃や手帳をなくすようなもの**）。官給の正規の十手は組屋敷の手文庫（金庫）か、神棚や仏壇にしまっておいたらしい。

捕物出役の長十手

捕物出役のとき、犯人逮捕に第一線で当たる同心たちに支給されたのが、この実戦用の長十手である。材質は鍛鉄製の銀磨きで形は六角形、握柄には鮫皮が巻かれ、長さは二尺一寸（六三センチ）で、一二センチの紐に一七センチの錆朱色の房がついている。

定寸十手

南北奉行所に備え付けの、小者が使用するための十手。棒身は鍛鉄製の銀磨き、丸形。一尺二寸（三七センチ）〜一尺三寸（四〇センチ）の長さで、最も使いやすい長さであることから「定寸十手」と呼ばれる。また、握り柄に何も巻かず、房もつけないことから「坊主十手」とも。

同心の下で働く中間・小者が定町廻り同心と一緒に巡回したり、同心の捕物出役に同道するときに奉行所から貸与され、終わると返却しなくてはならない。使うときには、房や紐をつけていた、との記録もある。

目明し（岡っ引き）の十手

本来ならば**非公務員**の目明しは十手を持てないはずだが、実際には黙認されていた。私物なので、形状や装飾などは千差万別である。

ただ、古老の聞き書きによれば、江戸の目明しは、手捕り（素手で捕えること）を得意がり、「野暮な十手で懐を突っ張らかしちゃいけねえ」と、目潰しの砂だけで捕えたともいわれている。

火付盗賊改の十手

火付盗賊改の十手は官給品ではなく、私物であるので千差万別である。実戦に使う機会が多かったので、無骨で大振りのものが多かった。

十手術のいろいろ

町方同心が容疑者を捕縛する場合、黙って飛びかかることはなく、十手を額の上方に垂直にかざし、公儀の御用であることを、
「御諚《ごじょう》ぞう（そうろう）、神妙に控えおろう」（初期）
「御用の筋である、神妙にお縄をいただけ」（中期）
「御用、神妙にせい」（幕末）
などと申し聞かせる。**現在の警察官が警察手帳を示す行為**に相当する。
この様式化された名乗りから構えまでを「破邪顕正《はじゃけんせい》の型」と呼び、『江戸町方十手扱い様』に定められている。
一の動き（破）は、十手を垂直に立て、額の上にかざし、「迷故三界城《まようはさんがいのしろ》」と心の中で唱える。この呪文は、真言密教のものである。

下段の構え

正規の構え

賢手の構え

上段の構え

脇構え

二の動き（邪）は、十手を握る右手を外に左手を内に、胸前で深く交差。「悟《さと》故十方空《れば じっぽうくう》」と暗誦。

三の動き（顕）は、交差した次の瞬間、両腕を左右に大きく伸ばして開く。これは容疑者を左右に逃がさぬためである。呪文は「本来無東西《ほんらいなしとうざい》」。

四の動き（正）は、十手の先端を敵の両眼の間に突き立てるようにして晴眼に構える。「何処有南北《いずくのところにかなんぼくあらむ》」と暗誦し、「阿毘羅吽欠《あびらうんけん》」と声に出して唱える。

非常の場合にずいぶん悠長だが、そういう時代だったのだろうか。

なお、十手術は、『江戸町方十手捕縄取扱様』に一二の型が、『江戸町方十手双角』に一八の型が記されており、現在も継承されている。

捕縄と捕縛術について

捕縄には早縄と本縄がある。

早縄は容疑者逮捕の際に一時的に取り押さえるための縄で、長さは二尋《ひろ》半から三尋半（四・五メートル～六・三メートル）。早縄術では結び目を作らないことが特徴であった。

当時、縄目を受けることは極めて不名誉なこととされており、被疑者の段階で「縄目を受ける」と、あとで無罪になったときに、「恥をかかされた」と抗議されることがあったので、「縄目に掛けたのではない。取り押さえただけである」と言い逃れるためであった。

本縄は五尋（九メートル）以上の捕縄で、性別・身分・職業・状況などを考慮して縛る。

数十流派の捕縄術と数百種類の型が伝承されている。

現代では**手錠**に取って代わられた感があるが、**特殊部隊がテロリストなどを拘束する際に用いるプラスチック製**の紐は、捕縄術の現代版といえるのではないだろうか。

検死について

江戸時代には指紋などを使った科学捜査も、検死解剖もなかったが、それでも犯罪現場や死体に残された痕跡は手掛かりとして大いに用いられた。

犯罪現場に検証に出向く役目を「検使」と呼び、町奉行所の管轄地であれば配下の同心が、武家地では目付及び徒目付《かちめつけ》が、寺社領では大検使・小検使が、幕府領（天領）では、代官配下の手附・手代によって検使が行なわれた。

検使においては、被害者の死体や負傷、現場に残された遺留品などを検分すると共に、必要に応じて見出人《みだしにん》（発見者）、被害者、親類、五人組、町村役人など、関係者一同から口書を取る。

この口書に、自己の検分結果を記した検分書、それに必要なら医師にも検分書を作成させ、上司に報告することになる。

現代では、**法医学者**などの専門家に委ねられている仕事を、専門家ではない同心などがうまくこなすことができたのだろうか、という疑問が起きるはずである。

実は検使にはマニュアルがあった。『検使階梯《けんしかいてい》』『検使口伝《けんしくでん》』など、わかっているだけでも四〇種以上のマニュアルがあったことが知られている。

『検使階梯』の内容を少し見てみよう。

たとえば、村境で変死体や行き倒れが発見されたときにどちらの村が処理するかについて書かれている。

それによると、死体が仰向けに倒れていた場合には、頭がある方角の村で処理し、逆にうつ伏せの場合は足のあるほうが受け持ったという。これは、仰向け死体が倒れるときには、後方に滑って移動した可能性が高く、うつ伏せ死体は前方につんのめって移動した可能性が高いからである。

現代でも県境などで死体が発見されると、どちらの管轄にするかでよくもめるそうだ。テレビドラマ『踊る大捜査線』では、県境の川に浮かんだ死体をどちらが処理するかで、互いの自治体に押し込もうと、棒で死体を突っつき合うシーンがあった。

『無冤録述《むえんろくじゅつ》』は、現代でいう検死マニュアルで、明和五年（一七六八）から明治三十四年（一九〇一）頃まで長く用いられた。たとえば、

「普通に焼け死んだ人の死体は瓦の下にあるはずである。瓦の上に死体があれば、火の中に無理に押し込まれた可能性が高い」

「井戸に自ら飛び込んだ人の死体は足が下になっているはずである。頭が下になっている死体は、突き落とされた可能性がある」

など、現代でも十分に通用する内容が書かれている。

「バラバラ死体は、切り口をよく見てみよ。切り口が赤くなく、血が滲《にじ》んでいなければ、死後に切り離されたものである」

などは、法医学でいうところの「**生活反応**」そのものである。

これらのマニュアルからは、江戸時代は江戸時代なりに最新の科学捜査を行なっていたことがうかがえる。

直訴《じきそ》と訴訟《そしょう》の流れ

江戸時代の裁判は、**刑事・民事・行政**の三種類ある現代とは違い、二種類に分けられる。

刑事訴訟の裁判を**公事**《くじ》、**民事訴訟**の裁判を**訴訟**《そしょう》と呼ぶ。**行政訴訟**はなく、あえていえば直訴《じきそ》と箱訴《はこそ》（後述）が**行政訴訟**にあたるだろうか。

一、公事（刑事訴訟の裁判）の流れ

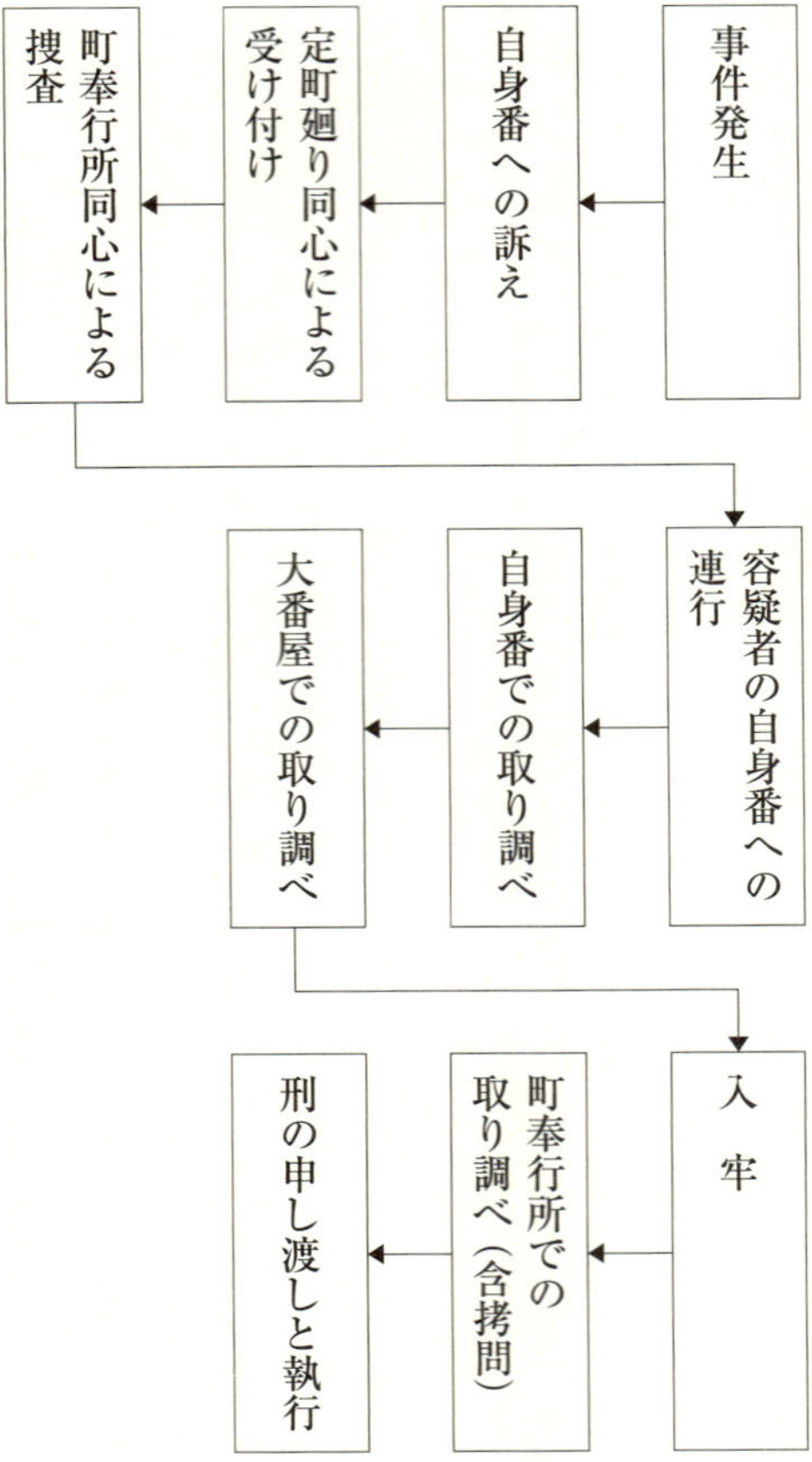

二、訴訟（民事訴訟の裁判）の流れ

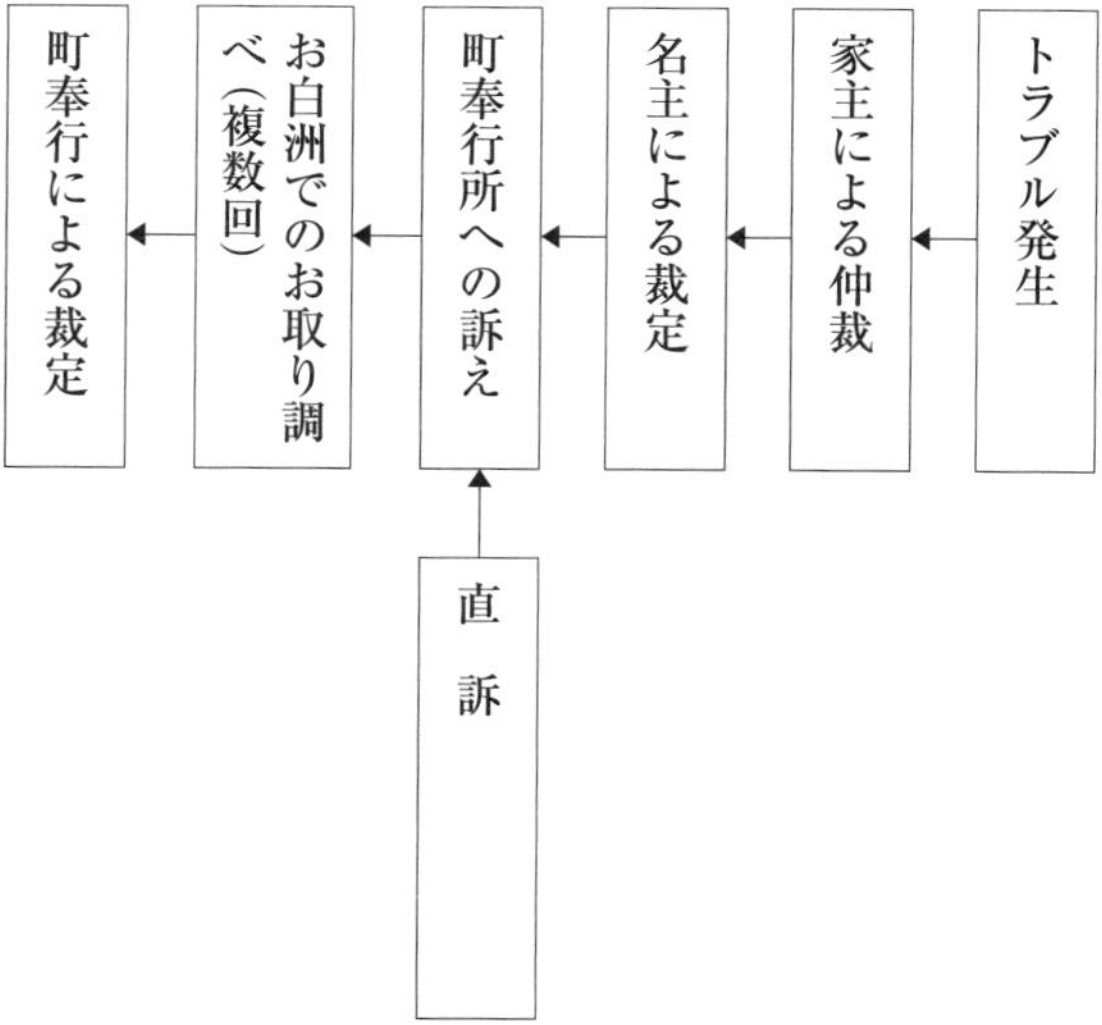

現在の**民事告訴**にあたる正規の訴訟の手続きを説明する前に、江戸時代ならではの非正規の訴えの種類について説明しよう。

非正規の訴え

訴人《そにん》

犯人を名指して町奉行所や火付盗賊改、勘定奉行などに訴えるもので、火付け・辻斬り・切支丹《きりしたん》・陰謀・隠し鉄砲などに対して行なわれた。現代でいう、**密《タレ》告《コミ》**や**内部告発**であり、**刑事告訴**や**刑事告発**にあたる。

密告者は（たとえ治安に貢献したとしても）現代でもあまり尊敬されないが、江戸時代ではなおさらだった。たとえば由井正雪《ゆいしょうせつ》事件を訴人した、松平伊豆守《まつだいらいずのかみ》信綱《のぶつな》の家来、奥村権之丞《おくむらごんのじょう》と林理右衛門《はやしりえもん》は、由井の一味だったが、訴人して助かり、褒美をいただいた。

この事件、実は奥村も林も、共に松平信綱が由井正雪の動きを怪しんで送り込んだスパイだった。だから訴人といっても役目をまっとうしたわけで、その時点で元の役職に復帰できるのが順当だが、軽蔑され、久しく御役に就けなかった。

要するに「手口が汚い。武士らしからぬ」と見なされたのである。

庶民はそれほどでもなかったようだが、武士ややくざの間での訴人は、ひどく評判を落とした。現在でも、刑事が使う職業的な密告者は「イヌ」と呼ばれて蔑《さげす》まれる。

直訴《じきそ》

正規の手続きを踏まずに、町奉行所に直《じか》に駆け込むことをいう。百姓が領主に直に訴えることも、直訴という。

江戸町奉行所では、暮れ六ツ（日没時。夏至なら午後七時、冬至なら午後五時）に正門を閉じるが、それ以降でも、向かって右側の潜り戸に閂《かんぬき》を掛けず、直訴（駆《か》っ込《こ》み）ができるシステムにしてあった。

直訴は公事（刑事告訴）に限らない。町人の間のトラブルのほとんどは名主などによって解決されるが、その裁定に納得しなかった者が、直訴にくることもあった。直訴と称して乱心者が入ってきて奉行所内で暴れることもあったという。

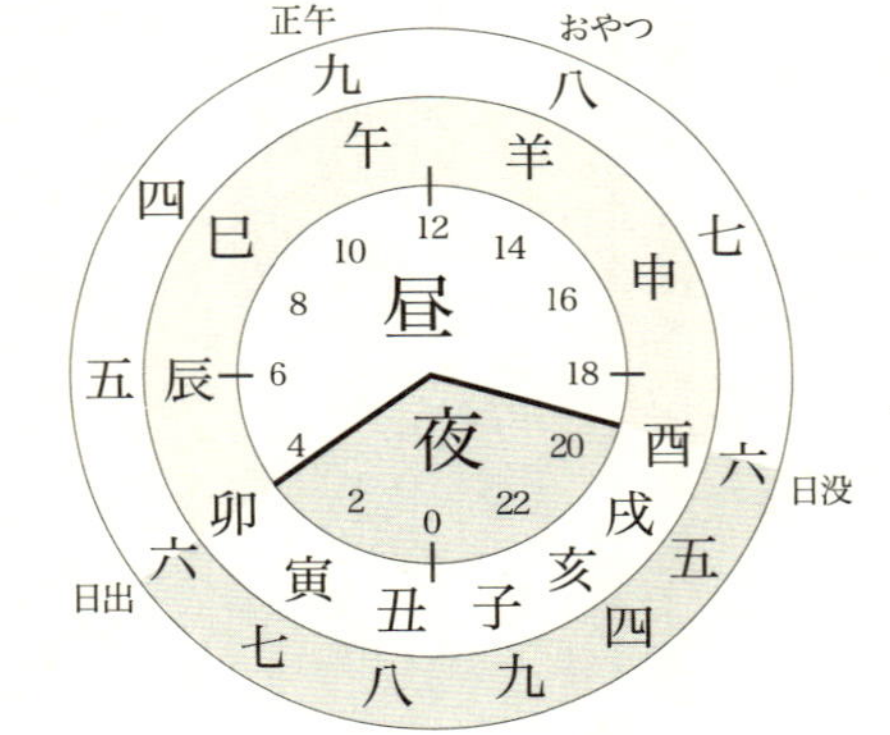
正午
おやつ
九
八
午
羊
四
七
巳
申
12
10
14
8
16
昼
五
辰
6
18
夜
4
20
酉
六
日没
卯
2
22
戌
0
六
日出
寅
丑
子
亥
五
七
八
九
四

夏至の時刻

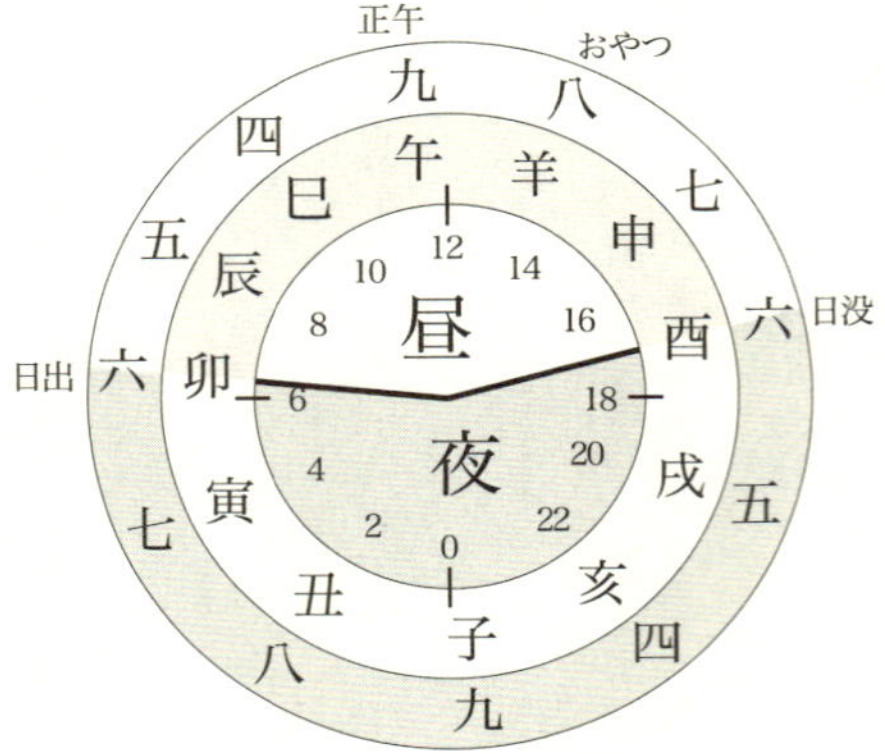
正午
おやつ
九
八
四
午
羊
巳
七
申
五
12
辰
10
14
8
16
昼
六
日没
日出
六
卯
酉
6
18
夜
4
20
戌
寅
五
2
22
七
0
丑
亥
子
四
八
九

冬至の時刻

直訴は非合法のため、訴えの正否にかかわらず多少の罰（叱り程度の微罪）を受ける。しかし正規のルートでの救済が期待できない者のために、こういう道を残しておいたあたり、江戸幕府も意外と民主的だったといえるのではないだろうか。

越訴《おっそ》

「筋違い願い」といって、代官所に訴えるべきものを町奉行所に訴える、などの行為のこと。訴えはたいていの場合に受理され、正規の役所に回されるが、これも非合法であるから、罰を受ける（これも、叱り程度の微罪）。

現代では罰を受けない代わりに「隣の窓口へどうぞ」と、盥《たらい》回しにされておしまいだから、江戸時代のほうが親切ではあった。

駕籠訴《かごそ》

将軍・老中・領主の行列に訴え出ること。老中などにとっては面倒だし、駕籠訴も罪になるので、

「控えい、控えい」

と供侍に追い立てさせ、取り上げないことが多かった。

だが、女が脛《すね》を露わに駆けだして駕籠訴した場合は取り上げたという。これは、女が恥を忍んでまで訴えるほどの重大事と見たからである。

第五章で後述する奉行・鳥居耀蔵《とりいようぞう》はこれを利用し、ライバルの矢部定謙《やべさだかね》の部下で、奉行所内で刃傷《にんじょう》事件を起こして自害した佐久間伝蔵《さくまでんぞう》の妻をして矢部を訴えさせ、追い落とす陰謀に成功している。

凶作時の年貢軽減を四代将軍の家綱《いえつな》に直訴した佐倉惣五郎《さくらそうごろう》の『佐倉義民伝』などの影響か、直訴や駕籠訴は死刑になると誤解されがちだが、実際には訴えが正当であれば罰されずにすむこともあり、封建体制のガス抜きとして機能していた。

箱訴《はこそ》

八代将軍の吉宗が設置した目安箱に投書で訴えるもので、強いていえば、現在の**行政訴訟**にあたる。将軍自らが目を通し、しかるべき処置をする建前になっていた。

ただし、住所氏名が書いていない訴状は破棄される。小石川養生所の設立など、意外に多くの実効を挙げた。

正規の訴訟の手続き

訴訟（民事訴訟）には人事・軽罪・風俗・土地などがあり、それぞれ与力が分課して担当していた。

寛保年間（一七四一～一七四三）の『律令要略』によると、金一分（四分の一両）・銀一〇匁（六分の一両）・銭一〇貫文（二両二分）以下の訴訟は取り上げない、とある。

金と銀は大差ないが、銭だと、大きな差がついている。これは、主に銭が流通していた庶民の訴訟をできるだけ取り上げないための、司法行政側の防衛システムであろう。

AがBを訴える場合、まずAは、Bの相手方の家主《やぬし》に訴訟を起こす旨の宣言をしなくてはならない。ここで家主が仲裁に入るので、たいていの事件はカタがついてしまう。

それでもまとまらないと名主の所で調べてもらう。前述の通り、名主の屋敷は現代の**簡易裁判所**になっているので、ほとんどの事件はここで解決する。ここで処理できない場合に初めて、名主・家主の連署で訴状が作られ、町奉行所に持ち込まれる。

町奉行所では、当番与力が訴状を受理する前に吟味する。不正出訴《ふせいしゅっそ》といって、裁判を悪用して稼ぐやつもいたので、よく吟味しなくてはならなかった。

訴状が受理されると、やがて出頭を命じる差紙《さしがみ》が家主の元にくる。そこで、町名主、家主、当事者が揃って、決められた格好でお白洲に出廷する。

お白洲では百姓・町人は白洲に座り、武士・神官・僧侶は椽《たるき》（要するに縁側の位置）に座った。例外として遊女は、江戸初期に評定所の給仕をしたことから、椽に座ることを許された。原告は向かって左、被告はその右、付添い人はさらにその右に座る。

第一回のお白洲は、互いの言い分を聞き、調書を取る程度で終了する。ある程度の書類と証拠が揃ってから、いよいよ町奉行のお取り調べとなるのである。

■お白洲

奉行所での吟味は、毎日、定期的に行なわれたわけではない。ある訴訟の場合（ただし、町奉行ではなく勘定奉行によるものだが）、関係者は公事宿《くじやど》（後述）に前後三回にわたって滞在する必要があった。

一回目は一〇二日も在宿したが、その間、奉行所への出頭が一三回、そのうち実際に吟味があったのは、わずか五日で、残りの八日は願書や届書の提出のみであった。

二回目の在宿は六六日、出頭は六日。三回目は在宿が二一日で、出頭はわずか二日である。

最後にいよいよ判決が出る。勝訴し

たからといって、相手から訴訟費用が取れるわけでもない。この、三回も公事宿への長期滞在を余儀なくされ、総日数が一八九日にわたった訴訟の場合、総額で二四一両余りの経費が掛かっており、弁済を求められた被告の父親は破産している。

公事宿

訴訟の当事者が両方とも江戸市中に住んでいるとは限らない。地方から裁判のために上京してくる関係者用に、公事宿というシステムが設けられていた。上京してきた関係者は、原則として公事宿に宿泊し、諸般の手続きを行なうことになる。

公事宿には訴訟手続きの専門家がいて、複雑な手続きを差添人として代行してくれたから、現代の**弁護士や司法書士事務所**のはしりといえるかもしれない。

犯罪と刑罰のいろいろ

江戸幕府は当初は成文法を作らず、不文律で裁いていたが、四代将軍の家綱の頃から次第に整備を進め、一〇代将軍の家治《いえはる》のときに法令集である『科条類典《かじょうるいてん》』が作成された。

この下巻が現代の**刑事訴訟法**にあたる公事方定書《くじがたさだめがき》で、一〇〇項目あったことから俗に『御定書百カ条《おさだめがきじょう》』と呼ばれる。

江戸幕府の基本方針は「依らしむべし、知らしむべからず」であったので、御定書百カ条は公開されなかったが、内容は次第に人々の知るところとなっていった。

基本的な方針としては、主従・親子の別を乱す犯罪（親殺し・主人殺しなど）に対しては罪が重く、男女では、男が主で女が従という考え方から、女には軽い罪が与えられることが多かった。

また、厳罰主義で、俗に「一〇両盗めば首が飛ぶ」と言われたが、盗まれた被害者にも手落ちがあると見なされた場合は、一種の**情状酌量**で軽罪となった。

以下、主立った犯罪とそれに対する刑罰の一覧を記す。なお、個々の刑罰に関しては後述する。

掏摸《すり》

掏摸に関しては、「掏摸取られた被害者にも油断があった」という考え方から、比較的罪が軽く、初犯は敲《たた》き放《はな》しか入墨、二度目は江戸払いであった。ただし、四度目に捕まると死罪が申し渡される。

また、掏摸と見なされるのは相手に気づかれぬように掏った場合に限られ、すれ違いざまにぶつかって掏ったり、奪い取ったりする手口は、追落《おいおと》し（追い剥ぎ）と同じとされ、死罪となった。

掏摸は七～八歳から修行をして、一四～五歳でデビュー。三〇歳で足を洗う（死罪や遠島にならなければ、の話だが）のが普通だった。これは、テクニックが年齢と共に衰えていくからである。

江戸時代の掏摸に関しては、

「往来で男性の下帯や女性の腰巻などを気づかれずにスリ取った」

「紙入れの中から必要な額だけスリ取って、領収書を入れてまた返した」

など、その力量に関していくつかの伝説が伝わっている。

ただし、これは江戸の話で、上方の掏摸は「きんちゃく切り」と呼ばれたように、カミソリ等で衣服を切ってスリ取る手口が一般的だった。

掏摸グループは**ギルド（同業者組合）**を形成していて、縄張りもきっちり決まっており、フリーの掏摸は、見つかると袋叩きにあった。

ちなみに掏摸は、元結い（チョンマゲ）の形が決まっていて、見ただけで仲間だとわかったという。

窃盗《せっとう》と強盗《ごうとう》

窃盗は空き巣狙いで、人に危害を加えたり、加えようとしたりした場合は、強盗となる。昼間の空き巣狙いは盗まれる側にも油断があったとして敲き放しですむが、夜の空き巣では一〇両で死罪。強盗は、もちろん死罪であった。

盗まれた被害者側も、犯人が死罪になると寝覚めが悪いので、九両とか九両三分三朱などとして届け出ることが多かった。

売春

公娼である吉原《よしわら》以外での売春は、原則として禁止されていた。町奉行所は、しばしば摘発を行なったが私娼はなくならず、宿場町の飯盛女《めしもりおんな》や夜鷹《よだか》などが繁盛していた。

これらの女たちは検挙されると吉原に下げ渡され、最下級の遊女として三年間、働かされることになった。働かせた雇用者側（いわゆるヒモ）も重罪で、寛永一四年（一六三七）には湯女《ゆな》を置いていた風呂屋の営業者三七名が磔刑になっている。

姦通《かんつう》

昭和二一年（一九四六）まで、姦通罪はあった。夫婦は人倫の基本であるから、姦通は大罪であり、「不倫は文化」などとのんきなことは言っていられなかった。姦通の現場を見つけた者は、その場で男女とも討ち取ってよかったのである。

しかし、これではあまりにも過酷であると考えられたのか、江戸中期からは、非人手下にしたり、奴《やっこ》（後述）として下げ渡すことですませるようになった。現代風にいえば**人権剥奪**の刑である。

姦通が世に聞こえれば恥となるから、実際のところは**示談金**ですませて内済にすることが多かった。相場が大判一枚（名目上は一〇両だが、七両二分として通用していた。江戸中期なら現代の三〇万円ほど）であったことから、「間夫代七両二分」と言われた。

しかし男女のことでもあり、武士は刀を持っているので、感情に任せて斬ってしまう事例も少なくはなかった。

美人局《つつもたせ》は姦通とは見なされず、**売春＋脅迫**と見なされ、死罪以上になった。

博奕《ばくち》

博奕も禁制であったが、取り締まる側の岡っ引きが博奕の元締め、というケースも決して少なくなく、実効のある取り締まりはなかなかできなかった。

運悪く捕まると、見せしめとして遠島や磔などの重い罰を課された。武士の場合も、破廉恥《はれんち》行為として切腹を許されず、死罪となった。

暴行と恐喝

暴行事件に関しては、武士の場合は重追放から死罪まで、町人の場合は敲きのうえ、中追放から重追放となった。

恐喝は、金額の多少・恐喝の正否にかかわらず、獄門となっていた。しかし、訴え出ても、たいていの場合は同心が自身番屋で説諭して釈放してしまったので、獄門になるのはよほどのことであった。

詐欺

詐欺は窃盗に準じ、一〇両未満は入墨のうえ敲き、一〇両以上は死罪であった。ただし、公儀の名を騙《かた》るなどした場合は、金額にかかわりなく死罪となる。

また、氏名や**官名の詐称**も死罪とされた。江戸時代で最大の詐欺事件といえば、徳川吉宗のご落胤《らくいん》を名乗った天一坊《てんいちぼう》事件であろう（第五章参照）。

横領

これも窃盗に準じ、一〇両を境に、死罪かどうかが決まる。

また、落とし物を横領した場合は過料（罰金）である。遺失物は、届け出れば所有者と半分分け、半年が経っても届け出がなければ拾った者の物となった。現代よりだいぶお得なのは、「落とした側にも油断があった」という考え方からであろう。

放火・失火

放火は未遂でも火あぶりの重罪であったが、実行犯と唆《そそのか》した者がいた場合には、唆した者のほうが火あぶりとなり、実行犯は死罪であった。「火をつけるという犯意」のほうが重い罪、とされたのである。

失火の罪は割合に軽く、原因と広がり具合によって、それぞれ一〇日から三〇日の押し込めとなった。ただし、火を用いることが禁じられていた将軍お成りの日（将軍が外出する日。日光への参詣など）の失火は罪が重かった。

放火騒動に乗じて、豊臣家や島原の乱の残党などの手により、将軍暗殺の企てが起きるのを恐れたわけである。

傷害

喧嘩口論で相手に傷をつけた場合は中追放、生活の手段を講ずることのできない者を傷つけた場合は遠島、ほかに傷の程度にかかわらず、治療代として銀一枚を支払わされた。

ただし、これは原則で、身分によって変わってくる。尊属や師匠、主人を傷つければ死罪である。

別れた妻を傷つけると、入墨のうえで重追放とわざわざ規定してあるのは、**ドメスティック・バイオレンス**がこの頃から問題であったことをうかがわせる。

また、武士が庶民を傷つけた場合は、だいたいにおいて不問とされた。下級武士なら治療代を支払ったが、上級武士になると、それもなしであった。

殺人

庶民が殺人を犯した場合は、実際に手を下した者は斬首、手引きをした者は遠島となる。放火の場合と逆で、実行犯のほうが罪が重い。

武士は庶民に対して無礼討ちをする権利があったが、よほど武士の面目を損なわない限り、斬捨て御免は認められなかった。ただし、死人に口なしであり、斬ったうえで「無礼があった」と主張すれば、たいていは無罪放免であった。

正当防衛は現在と同じく無罪、**過剰防衛**は遠島となった。女性が貞操を守るために殺人を犯した場合は無罪であり、それどころか、奉行所などから報奨される場合もあった。

馬車や大八車で誤って轢《ひ》き殺したり、高積みの材木が崩れて人が死んだ場合などの**過失致死**は、状況に応じて死罪から遠島となった。

子殺しや弟妹殺しなどの卑属殺しは、死罪ではなく遠島である。

刑罰の種類

刑罰には正刑《せいけい》・属刑《ぞくけい》・閏刑《じゅんけい》の三種類があった。属刑は正刑に付加される付加刑、閏刑は特定の身分のみに適用される刑である。

現代同様、刑罰は機械的に適用されるのではなく、町奉行の考えにより情状が酌量され、刑罰が申し渡された。

前述の通り、奉行が宣告できるのは追放刑以下の軽罪に限られ、死刑の場合には検使与力が牢屋敷に出役し、牢屋見廻り同心、牢屋奉行の石出帯刀《いしでたてわき》、鍵役同心などの立ち会いのもとで宣告された。

宣告が終わると、船の都合がある遠島を除き、刑はただちに執行された。
では、刑罰の種類について解説していこう。

呵責《かしゃく》

正刑のなかでは最も軽い刑で、「叱り」と「急度《きっと》叱り」の二種類があった。現代では、**公務員の懲戒処分**には、**免職・停職・減給・戒告・訓告・厳重注意**とあるが、**戒告**が急度叱りに、**訓告・厳重注意**が叱りに相当する。

要するに「叱り」は将来に響かないが「急度叱り」は将来に響く（何か新たな罪を犯した際に判決が厳しくなる）という差がある。急度叱りの場合は、かなり居丈高に怒鳴りつけられたらしい。

町役人や同心が自身番で行なう叱りは、ごく形式的なもので、現在の警察官による説諭にあたる。

しかし、書類送検にあたる、町奉行所吟味のうえで決定した「叱り」は正規の刑種であるから、町名主・家主《やぬし》・差添人（代理人）同道で叱責を受け、請書（始末書）に署名しなくてはならない。

押込《おしこめ》

これも正刑で、一室内に閉じ込め、外からの接見、音信を禁じた。武士と庶民の別なく課された刑で、二〇日・三〇日・五〇日・一〇〇日の軽重があった。俗にいう**座敷牢**は、これにあたる。精神病などで、刑罰と無関係に座敷牢に押し込めるケースもあった。

預かり

町奉行所の刑種にはない。士分以上、及びそれに準ずる女人（武士の妻女など）に対する刑である（すなわち、この刑を宣告するのは、町奉行ではなく目付）。

刑罰としての預かりのほかに、予審中には入牢させず、町内のどこかに住まわせて監視下に置くことも、「預かり」と言った。

刑罰としての預かりには、預かりと永預かりの二種類があり、恩赦の有無で区別される（永預かりは恩赦がない）。大名預かり、町預かり、親類預かり、非人小屋預かりがあった。

入牢こそしないものの、外出も一人ではできないなど、自由は大幅に制限され、禁固刑に近い性格の刑であった。非人小屋預かりは身分の剥奪であり、恥辱刑でもあった。

閉門《へいもん》

武士に対する閏刑で、門扉に竹竿を十文字に打ち付けて封印し、雨戸を立て、窓もふさいで蟄居させる刑で、五〇日・一〇〇日の二種類あった。家人や小者の出入りも禁じられる。

閉門させられると、御役はやめさせられるが、家禄を召し上げられることはない。同心・与力など、一代抱え（現代でいう**契約社員**）の者には閉門はなく、職を召し上げられ、失職となる。

逼塞《ひっそく》

武士・僧侶・神官に対する刑で、閉門より、やや軽い。遠慮《えんりょ》、慎《つつしみ》、逼塞の三種（遠慮が最も軽い）に分かれる。門扉に竹を打ち付ける必要はなく、遠慮なら夜間の外出も黙認されていた。また、友人親戚の来訪も許されていた。慎は三〇日間、逼塞は五〇日間である。

蟄居《ちっきょ》

武士の閏刑で、逼塞よりさらに軽く、家族は自由に出入りできる。蟄居、隠居、永隠居の三種があった。

隠居は役を降りて隠居させられ、家禄は子どもが相続した。

戸締《とじまり》

庶民に対する閏刑で、武士の逼塞に相当する。釘で門戸を打ち付け閉ざし、自由な出入りを禁じられた。二〇日、三〇日、一〇〇日の三種類があった。

過料《かりょう》

罰金刑。八代将軍・吉宗のときに始められた、庶民のみに適用される閏刑である。正刑だが、付加刑として科されることもあった。

また、労役刑の代わりに科されることもあり、支払う能力のない者には手鎖《てぐさり》（後述）が科されることもあった。

軽過料《けいかりょう》は三貫から五貫文まで、重過料《じゅうかりょう》は一〇貫文。財産相応の過料を申し渡す応分過料《おうぶんかりょう》もあり、財産のすべてをもって償わせる場合は、「身代限り《しんだいかぎ》」と言った。

闕所《けっしょ》

属刑で、身分を問わず科される。主に、田畑や家屋敷などの不動産を没収する刑で、身代限りとは区別される。闕所された不動産は競売に掛けられ、町奉行所の収入となる。

改易《かいえき》

武士に対する閏刑で、士籍と知行地や家屋敷を削減または没収する。最も重い場合は完全に士籍を削られ、庶民にされてしまう。

追院《ついいん》・退院《たいいん》・構《かま》え

僧侶に対する閏刑で、僧籍を剥奪して、寺から追い出す。構えは、宗派や宗門からも追い出される。

晒《さら》し（閏刑）

僧侶に対する閏刑で、日本橋のたもとの晒し場に三日間にわたって縛って晒し、その後は、所属する寺に下げ渡して、寺法によって処分させる。女犯未遂で晒し、女犯だと晒しのうえ、追院・退院・構えである。

手鎖

一般庶民に科された閏刑で、両手を鎖や手錠で縛っての自宅謹慎。三〇日、五〇日、一〇〇日の種類があった。手鎖には封印がしてあり、これを取ったり手鎖を壊したりすると罪が重くなる。

与力がときどき改めに来て、ゆるくはめたりきつくはめたりと手心を加える。与力が来たときにそっと袖の下をつかませて、手鎖をゆるくはめ直してもらう者

手鎖の刑

も多かったであろう。

具体例としては、絵師、戯作者として有名な山東京伝《さんとうきょうでん》が、寛政三年（一七九一）に出した洒落本《しゃれぼん》と黄表紙《きびょうし》（挿画つきのエンターテインメント小説）が寛政の改革の出版取り締まりに抵触（遊郭のことを描いていたために風紀紊乱《びんらん》として）して摘発され、手鎖五〇日の刑を受けている。それ以降、京伝は洒落本から手を切り、読本《よみほん》などに転じた。

剃髪《ていはつ》

婦人に対する閏刑で、駆け落ち、不義などの軽罪に対して科された。剃髪後は親族に下げ渡す。

奴《やっこ》

江戸幕府は人身売買を禁じていたが、罪により、奴（いわゆる奴隷）に落とされることはあった。婦人に対する閏刑で、奴とされると、無給で一生涯ずっと働かなくてはならない。親兄弟の罪科の連座か、情死未遂か、隠し淫売の者がこの刑を受けた。

敲《たた》き

庶民に対する閏刑で、軽犯罪者に対して行なわれた。五〇回と一〇〇回がある。

敲く場所は肩から背にかけてで、骨、頭、顔、腕を打たぬように、打役《うちやく》にはテクニックが必要だった。これも力加減は打役次第であるから、賄賂《わいろ》を渡してゆるくしてもらう者もいたであろう。

また、肉体的に耐えられない女子どもは後述のように入牢に替えることもできた。五〇敲きは五〇日の入牢、一〇〇敲きは一〇〇日の入牢である。

現代だと、たとえば交通違反で罰金刑を食らい、その罰金が納付できない（意識的に支払わない場合も）と、一日につき五〇〇〇円の換算で収監され、労役させられるが、それに似ている。

牢庭敲き《ろうにわたたき》

牢屋敷で入牢者に対して行なわれた刑で、破牢《はろう》（脱獄）や暴動などの企てが露見したとき、他の囚人への見せしめとして行なわれた。

過怠牢舎《かたいろうしゃ》

江戸時代には基本的に懲役刑はなかった。だが、敲き刑を女子および男子一五歳未満の者には適用しなかったので、代わりに入牢させられることとなった。五〇敲きであれば五〇日、一〇〇敲きであれば一〇〇日の牢舎とされた。

入墨《いれずみ》

入墨は盗犯に加えられる属刑で、「入墨のうえ敲き」「入墨のうえ追放」といった具合である。前科者の証明であり、入墨を見ることで、どこでどんな罪を犯したのかが一目でわかった。これを隠すために発達したのが、やくざの彫り物である。入墨の上にカムフラージュとして恐ろしい絵などを彫り込み、一目では入墨者とわからないように誤魔化したのだった。

追放《ついほう》

追放には、住んでいる土地を追われる所払《ところばらい》から、都市部への立ち入りを禁じられる、重追放まであった。

ただし、追放された土地に住むことはできないが、旅行中として通交するのは構わないという抜け道があったので、草履履きの旅姿での通行は許された。

属刑として闕所が科される。

非人手下《ひにんてか》

庶民と浪人、神官、僧侶に科される閏刑で、非人の身分（士農工商の下）に落とされ、牢屋の下働き、獄門の手伝いなどをさせられる。ただし非人は穢多《えた》と違い、一代限りである。しかも「地獄の沙汰も金次第」で、金を出して一般人に復する事例も多々あったという。

溜預《ためあず》かりの制

追放刑を受け、無宿となった者のなかで、再犯の恐れのある者を懲らしめのために佐渡の金山へ送り、水替人夫として使役した。無宿対策として、敲き、入墨の者まで釈放しないで佐渡へ送られたこともある。

晒《さら》し刑（属刑）

属刑としての晒し刑は、磔・火あぶり・鋸挽きなどの死刑、あるいは、非人手下の付加刑として行なわれた。

心中未遂は日本橋へ三日にわたって晒されて、さらに、非人手下にされた。また、足抜けを図った吉原の遊女も三日にわたって晒されたうえ、連れ戻されて最下層の遊女に落とされた。

遠島とは

遠島に処されるのは過失致死、殺人の共犯、卑属（子や弟妹）殺し、賭博などの罪である。遠島も正刑で、身分にかかわらず科される。

遠島先は、江戸からは伊豆七島で、京、大坂、西国、中国からは薩摩五島、隠岐《おき》、壱岐《いき》、天草となる。また、佐渡に送って水汲み人夫とすることを遠島ということもある。

遠島に処せられた者は、その財産も没収され、遠島先で重ねて罪を犯した場合は罪の程度によって入牢から死罪。基本的に刑期はなく、終身、遠島である。島抜け（脱走）は、成否にかかわらず死罪であった。ただし、後述のように不定期の恩赦による赦免釈放はあった。

流人のなかには親類縁者などから援助を受け、島民の家を借りて裕福に暮らす「家持流人《いえもちるにん》」のような者もいて、いちがいに流人が悲惨な生活をしていたとはいえない。

たとえば、関ヶ原合戦の西軍における準大将格であった宇喜多秀家《うきたひでいえ》が慶長一一年（一六〇六）に八丈島に遠島になったのが、八丈島における史上初の流人であるが、奥方の豪姫《ごうひめ》の実家の加賀前田家（豪姫は前田利家《まえだとしいえ》の四女）や宇喜多家の家臣であった花房志摩守正成《はなぶさしまのかみまさなり》（のちに家康に仕えて旗本となる）の援助を受けて五〇年を過ごし、流人としては例外的な厚遇を受けていた。

しかし、多くの流人は原始人さながらの掘っ立て小屋に住み、「小屋流人《こやるにん》」と呼ばれて、悲惨な生活をしていた。島には普通の住人も住んでいたが、そもそも島の生活自体が貧しいので、流人の援助をすることはできない。流人は自活するしかなかった。

島民の娘と結婚（公式には結婚できないので内縁関係）して、根を下ろす流人もいたが、悲惨な暮らしに耐えかねて島抜けを図る流人も少なくなかった。ほとんどは失敗し、脱走の途上で死んだり、捕まって死罪になったが、成功したケースもわずかながらある。

天保九年（一八三八）に放火の罪で遠島になった吉原の遊女の花鳥《かちょう》と、賭博の罪で遠島になった料理人の佐原喜三郎《さはらきさぶろう》が、気象観測所をつくって天候を調べるなどの周到な準備の末、七名で島抜けに成功した。ただし、生きて本州に辿り着いたのは二人のほか一名（氏名不詳）のみである。

二人は江戸に潜入したものの、ついに再逮捕され、花鳥は斬首された。喜三郎は才能を惜しまれたのか、入牢のうえ、無期禁固となり、獄中で『朝日逆島記』を記し、自らの島抜けを記録に残した。その後、赦免されて、四〇歳で労咳《ろうがい》のため死亡している。氏名不詳の一人は、ついに捕まらず、江戸時代を通して唯一の島抜け成功者となった。

赦免

赦免は、新将軍の誕生など大きな慶事があれば実施される。赦免されない、死罪一歩手前の重大な罪と赦免される軽微な罪とがあり、佐原喜三郎は元が賭博罪であるから赦免されたわけである。

島送りの時点で、恩赦があろうとも絶対に赦免不可の「永代遠島」の罪人は永代橋から、いつの日か恩赦があれば赦免されて帰って来られる罪人は芝の金杉橋

■江戸の刑罰（武士以外、主に庶民に科せられるもの）

刑	種　類	犯罪例
死刑	下手人＝斬首	殺人犯、殺人容疑者の逃亡幇助など
	死　罪＝斬首（打ち首） （被刑者は試し切りにされることも）	強盗、10両以上の窃盗、特に悪質な者は引き廻しが付く
	獄　門＝斬首後、首を鈴ヶ森、小塚原に晒す	放火犯 追剥など
	磔　　＝十字架にしばりつけて槍で殺す	
	火　罪＝火あぶり	尊属殺人、関所破りなど
	鋸挽き＝首だけを外に出して首を竹鋸で挽いたが、鋸を置くだけで形式化した	主人殺しなど
追放刑	遠　島＝江戸は伊豆七島 京・大阪は五島列島、隠岐、天草など	博打、誤殺、僧侶の女犯
	重追放＝関八州、五畿内、肥前・甲斐・駿河・東海道筋・木曽路筋などでの居住禁止（以下同様）	人妻に密通
	中追放＝武蔵・山城・摂津・和泉・大和・肥前・下野・甲斐・駿河・東海道筋・木曽路筋・日光道中	密通の手引
	軽追放＝江戸十里四方・京・大阪・東海道筋・日光道中	
	江戸十里＝日本橋から四方へ５里以内 四方追放	
	江戸払い＝品川・板橋・千住・本所・深川・四谷大木戸以内	小額の博打
	所 払 い＝犯人の居町、居村からの追放	
	門前払い＝奉行所の門前からの追放	
自由刑	手　鎖＝鉄製の手錠をかける 罪により30日、50日、100日	売春

その他、刑罰として身体に罰を加えるものに
入墨＝腕に入れ墨をする。その形は犯罪を犯した場所によって異なる
敲　＝獄舎の門前に筵を敷いて苔で罪人を打つ。普通は50回、重敲が100回
などがあった

から出発する、という明確な線引きが実施されていた。

前記の花鳥は永代橋《えいだいばし》出発組で、喜三郎は金杉橋《かなすぎばし》出発組だったのだろう。徳川家宣が第六代将軍になったときには、生類憐みの令に抵触して遠島に処された罪人の全員が、赦免されて帰還している。

死刑のいろいろ

現代は死刑といえば拘置所で執行される絞首刑のみだが、江戸時代の死刑のバリエーションの多さには目を見張るものがある。身分や罪の種類に応じて、実に多彩な死刑があった。

江戸時代の刑罰は「社会的見せしめ」としての性格が強いので、重い死刑は公開で行なわれ、死に至る苦しみも大きいようになっていた。

下手人

現在では「犯罪の実行者」という意味で使われているが（時代劇にもこの誤用がかなり見られる）、本来は死刑のなかで最も軽い刑を意味する。人殺しをして、

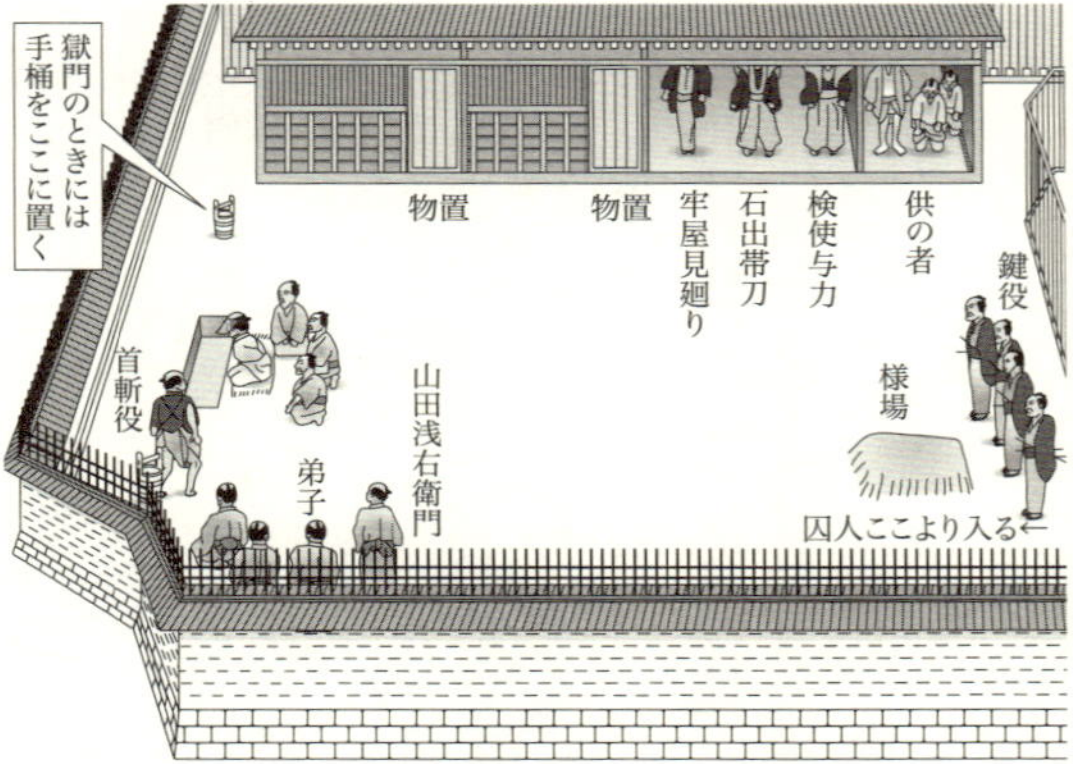

■牢屋敷内刑場

情状酌量の余地がある場合に科された。

昼間に牢屋敷内で（非公開で）斬首され、死体は様斬《ためしぎ》りなどに使われることなく、埋葬が許される。

死罪

斬首の刑であるが、下手人より重く、獄門より軽い。一揆の首謀者や、一〇両以上を盗んだ者など、多くの罪に対して科される刑である。

財産没収のうえ、夜間に牢屋敷内で斬首され、死体は様斬りや腑分《ふわ》け（医師のための解剖）に回され、埋葬は許されない。

この様斬りを請け負っていたのが、後述する山田浅右衛門《やまだあさえもん》（代々、九代にわたって、この名を継ぐ。朝右衛門の表記もある）で、浅右衛門により様斬りに使われた刀は切れ味が証明されるので、高く取り引きされる。したがって浅右衛門の収入も多かった。

獄門

尊属や主に対する殺人に科される刑罰で、死罪より重く、斬首後、三日間にわたって首を晒され、そのうえで取り捨てられる。

取り捨てとは、正規の埋葬を許されないことで、回向院《えこういん》などに深い穴を掘って、ゴミのように遺棄された。

さらに、斬首の前に市中を引き廻す、引き廻しの属刑が科せられることがあった。ほとんどは庶民だが、武士でも罪が重い場合は、科されることがあった。

磔刑《たっけい》

十字に組んだ磔柱にはりつけ、脇から槍で貫いて絶命させる。公開処刑である。尊属殺人、贋金作り、関所破りなどに科され、さらに引き廻しが属刑として付加されることもあった。

五人の養子を取り、養育料をもらったうえで子ども全員を殺した、下谷通新町に住む半七という男が、引き廻しのうえ、磔になっている。

火罪

俗にいう火あぶりの刑で、放火犯のみに科された。火あぶりといっても、焼け死ぬのではなく窒息させるのであるが、慈悲として、火罪柱《かざいばしら》に取り付けるときに絞殺することも多かったという。

これも公開処刑で、死後は三日にわたって晒し、取り捨てられた。

鋸《のこぎり》挽《び》き

主殺しや大逆などに適用された、最も重い刑罰。首だけを出して地面に埋め、通りがかった者に鋸で首を挽かせるのであるが、江戸時代には形式的なものとなり、この状態で二日にわたって晒したうえ、磔にするのが一般的であった（死後も三日晒す）。属刑として一日の市中引き廻しも付加される。

こうなったのは、通りがかった者に挽かせると面白がってどんどん挽くので、すぐに死んでしまうからだともいわれている。

実際、娯楽の少ない時代、磔刑、火罪、鋸挽きなどの公開処刑は庶民にとっては一大娯楽であり、弁当を持って見物に来る者も多かったという。これは洋の東西を問わず、イギリスやフランスでも公開処刑に集まる人々の様子が文学作品などに描かれている。

切腹

武士に対する閏刑で、名誉刑である。逆に、武士が死罪や獄門になることは大変な恥辱であった。

かつては本人に実際に腹を切らせたのであるが、泰平の世になるにしたがい、切腹は形式的になり、腹に刃や扇子を当てた時点で介錯人《かいしゃくにん》が首を斬り落とすようになった。赤穂浪士も数人を除いては、この「扇子腹《せんすばら》」だったといわれる。

刑場について

死罪と下手人は小伝馬町《こてんまちょう》の牢屋敷で執行されるが、その他の死刑は日光街道入口の千住小塚原《せんじゅこづかはら》、東海道入口の品川の鈴ケ森《すずがもり》、中山道入口の板橋、甲州街道入口の大和田の四刑場で行なわれた。

この四カ所は、江戸の東西南北の入口で宿場町があり、人通りが多かったことから、刑場に選ばれた。

刑場の近くには料理屋や遊郭ができ、死刑見物の客で、大いに賑わった。板橋の刑場は、幕末の戊辰《ぼしん》戦争で新選組局長の近藤勇が斬首された場所として名高い。

刑死者の死骸は、本所《ほんじょ》回向院に埋棄《まいき》(下手人以外の埋葬は許可されない)されていたが、やがて一杯になり、千住小塚原の回向院に埋棄されるようになった。寺の記録によると、明治一四年(一八八一)に小塚原の刑場が廃止されるまで、二〇万人が、ここに埋棄されたという。

未成年、精神障害者に対する刑罰

現代では、未成年は原則として刑法ではなく少年法で保護され、精神障害者はその責任能力に応じて罪を軽減され、ときには無罪となるが、江戸時代はどうだったのだろう?

未成年に関しては、一五歳未満は罪一等を減じるのが原則になっていた。

では、精神障害者などの心神喪失者に対しては、どうだったか? 御定書には「乱心にて人を殺した者は、下手人である」とあり、罰が軽減されることはない。これは傷害でも同じである。

ただし、被害者ないし遺族が「乱心者のしたことなので罰しないでほしい」と申し出た場合に限り、情状酌量されることになっていた。放火の場合は、明らかに異常であれば親類預かり、異常だと証明できなければ死罪であった。

あわせて、酒の上での犯罪についても検討してみよう。日本人は「酒のうえでの不始末」について寛容な民族だといわれているが、江戸幕府は容赦なかった。

酒に酔い、人を殺した者は下手人とし、傷つけた場合は賠償義務が生じた(金額は身分による）ので、情状酌量の余地なしである。

首切り役人・山田浅右衛門《あさえもん》

斬首や様斬りを江戸時代を通じて行なっていたのが、山田浅右衛門という人物で、特異な存在である。

山田浅右衛門は一介の浪人に過ぎず、したがって御目見の資格などないのだが、第八代将軍の吉宗に可愛がられ、しばしば江戸城内の吹上で刀槍の御様御用を命じられている。

これは二代目の山田浅右衛門吉時《よしとき》であるが、戦国時代の遺風が色濃く残っていた江戸時代前期には、まだまだ人斬りの技術をもった人間が大勢いた。

それが、一人減り、二人減りして、豊臣家滅亡の大坂の陣（一六一五）から一〇〇年余が経過した吉宗の第八代将軍就任（一七一六）の頃には、老中（宇都宮藩主）戸田山城守忠真《とだやましろのかみただざね》の家臣であった倉持安左衛門《くらもちやすざえもん》と山田浅右衛門の二人だけとなり、元文元年（一七三六）には倉持が死去して、とうとう山田浅右衛門一人だけとなった。

明治一三年（一八八〇）に死刑が全面的に絞首刑に切り替えられるまで、日本の死刑は刀による斬首が基本であったから、どうしても人斬りの技術をもった人間の育成が必要だった。

ちなみに、明治一二年の最後の斬首も、第九代の山田浅右衛門吉亮《よしふさ》（第七代の山田浅右衛門吉利《よしとし》の息子で、第八代の山田浅右衛門吉豊《よしとよ》の弟）によって行なわれている。

山田浅右衛門は各藩から依頼を受けて斬首術の弟子を養成し、家元ならぬ師元《しもと》として高額の教授料を受け取っていた。

財産家だった首切り役人

山田浅右衛門の収入源は、各藩の首斬り役養成のほかに、刀剣（槍や長刀《なぎなた》まで含む）の様斬り（御様）による鑑定料が大きかった。

たとえば、大名家同士の婚礼があると、嫁入りする姫君は、嫁入り道具として刀剣や長刀を持っていく。それは、決して使われることがないとしても、当然のことながら名刀でなければならず、山田浅右衛門の鑑定を必要とした、といった具合。

また、下手人以外の死罪（遺骸は回向院に取り捨てられ、埋葬が許されない）になった者の遺族が、それでもなお葬式をやろうとしたら、山田浅右衛門を密かに訪ねて御様を終えたあとの遺骸を買い取る以外になかった。ここでも、かなりの謝礼が浅右衛門に支払われた。

さらに、山田浅右衛門は御様後の遺骸から肝臓や胆嚢を抜き取り、これを乾燥させて秘伝薬を製造していた。

これを浅山丸（山田浅右衛門の頭文字を引っくり返したもの）、人胆《にんたん》（仁胆とも）と称して売りまくり、莫大な利益を上げていた（これは明治三年に禁じられるまで続けられた）。

こういった**多角経営**で、山田浅右衛門がいったいどれくらい儲けていたのかだが、第七代の山田浅右衛門吉利が、天保一四年（一八四三）に、第一二代将軍・徳川家慶《いえよし》の日光東照宮参詣に際して三〇〇両を上納し、その翌年の大火事で江戸城本丸が炎上した際には一〇〇両を御見舞金として上納している。

さらに、その二年後の弘化三年には、不始末（内容は不明）で、彦根藩の井伊家から出入り差し止めになった（つまり彦根藩士を弟子に取ることができなくなった）名誉挽回のために、四〇〇両の名刀を購入して献上し、差し止め解除を獲得している。

凄まじいまでの財力といえるだろう。

第三章

牢生活のすべて

小伝馬町《こでんまちょう》牢屋敷とは

江戸時代には懲役刑は原則としてなかったので（例外として、永牢《えいろう》があったが）、小伝馬町の牢屋敷の機能は現在でいう**拘置所**であり、未決囚を入れておく場所であった。

牢獄自体は江戸開府当時（幕府の成立以前）からあり、慶長年間（一五九六〜一六一五）に小伝馬町に移った。

牢屋敷は何度も大火にあって焼けており、左図は幕末のものである。広さは二六七七坪（三四八〇坪という説もある）で、牢屋奉行《ろうやぶぎょう》・石出帯刀《いしでたてわき》の役宅、及び鍵役・小頭同心の役宅も敷地内にあった。

牢屋敷に入牢している期間は、享保年間（一七一六〜一七三五）以降は平均して半年程度であった。

ただし、拷問に次ぐ拷問に耐えて、三年以上もいたという例外的な犯罪者もいる。

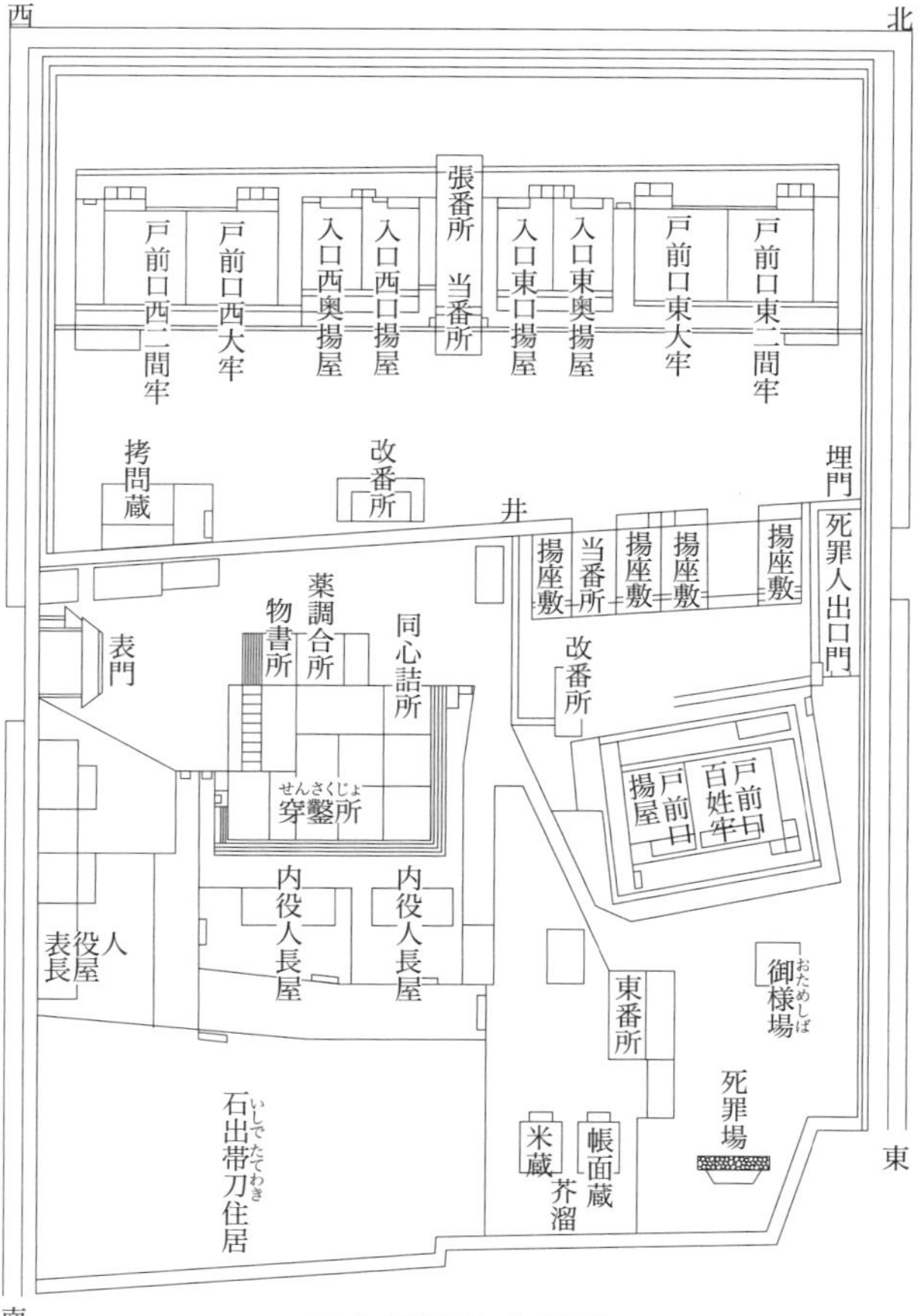
西
北
張番所
当番所
戸前口西二間牢
戸前口西大牢
入口西奥揚屋
入口西口揚屋
入口東口揚屋
入口東奥揚屋
戸前口東大牢
戸前口東二間牢
拷問蔵
改番所
埋門
井
揚座敷
当番所
揚座敷
揚座敷
揚座敷
死罪人出口門
表門
物書所
薬調合所
同心詰所
改番所
穿鑿所《せんさくじょ》
戸前口揚屋
戸前口百姓牢
内役人長屋
内役人長屋
表役人長屋
御様場《おためしば》
東番所
死罪場
石出帯刀《いしでたてわき》住居
米蔵
帳面蔵
芥溜
東
南

■小伝馬町牢屋敷

牢屋奉行と牢役人

役職	人数	扶持
牢屋奉行（石出帯刀）	1名	300石
鍵役同心	2名	40俵4人扶持
数役同心	1名	25俵3人扶持
打役	4名	25俵3人扶持
小頭同心	2名	（20俵以下）
世話役同心	4名	（20俵以下）
書役同心	不明	（20俵以下）
賄役同心	不明	（20俵以下）
牢屋下男	38名	1両2分
牢屋医師（本道）	2名	12両以上
牢屋医師（外科）	1名	6両以上

牢屋奉行と牢役人について

牢屋奉行・石出帯刀

第一章でも触れたが、初代の石出帯《いしでたて》刀《わき》常政《つねまさ》は、徳川家康の江戸入府と同時に罪人を預かる役に就き、そのまま牢屋奉行を務めることになった。

牢屋奉行は指揮系統としては町奉行の直属ということになる。現在の**刑務所長**だが、刑の申し渡しや執行にも立ち会う義務があったので、激務であったと思われる。家禄は三〇〇石で、御目見以上の旗本格である（御目見以下で三〇〇俵という説もある）。

石出帯刀は幕末まで、一七代を数え

た。

第三代の石出帯刀吉深《よしふか》は、明暦三年（一六五七）の明暦の大火（振袖火事《ふりそでかじ》）のとき、囚人を救うため、独断で切り放ち（解放）を敢行した。

切り放たれた囚人は吉深の意気に感じ、全員が期限内に戻ってきたと伝えられ、この処置は以後ずっと慣例化されたが、以後の切り放ちでは戻ってこない囚人もいた。

ただ、この切り放ちに際しては悲劇が起きている。石出帯刀吉深は、咄嗟《とっさ》の判断で切り放ちを実行したので、諸方面への連絡が不徹底だった。

そのため、浅草門の木戸番が「すわ、火事に便乗した囚人の集団脱走」と早合点し、門を閉鎖してしまった。

そこで、浅草門の手前は逃げ惑う大勢の人々と家財道具を満載した大八車で空前の大混雑状態となり、逃げ場を失って濠に飛び込んで溺死する者が続出、実に二万人余が死亡したと伝えられている。

現実に起きた放火脱獄事件では、天保一〇年（一八三九）の蛮社《ばんしゃ》の獄《ごく》で投獄された高野長英《たかのちょうえい》が、牢屋敷で働いていた非人の栄蔵《えいぞう》を唆《そそのか》して放火させ、それに乗じて脱走している。

なお、この蛮社の獄は第五章で詳述するが、南町奉行の鳥居耀蔵《とりいようぞう》のデッチ上げた冤罪事件である。冤罪であることが誰の目にも明らかであったがために、非人の栄蔵も高野長英の脱獄に手を貸した、ということは十分に考えられる。

牢屋同心《ろうやどうしん》の役割

牢内の取り締まりや事務、監督を行なったのは牢屋同心である。定員五〇人で、平均すると二〇俵二人扶持で、町奉行所の同心よりは低いが、囚人の身内からの付け届けで豊かな生活を送っていたといわれている。

囚人が持ち込んだ金額は、平均して一〇両。一〇両に満たないと平囚人として冷遇されたと伝えられるので、どのくらいの金額が牢屋同心の手に渡ったかは想像がつく。囚人によって持ち込まれた最高金額は三三両三分という記録が残っている。

これは、あくまでも「発見されたなかで」の話であるから、もっと大金を持ち込んだ囚人が存在する可能性は否定できない。

とにかく、牢屋同心は牢内では威張っていたが、一歩でも外へ出ると卑しめられてもいた。世襲で御家人であるから、一代抱え（現代でいう、一年契約の**契約社員**）の町奉行所の与力や同心よりも扱いは上である。

一、**鍵役同心**《かぎやくどうしん》（二名）

牢内の鍵を預かる古参同心で四〇俵四人扶持。牢屋敷の監督や同心の任免にも参画した。鍵役助役《かぎやくじょやく》が四人つく。

二、**数役同心**《かずやくどうしん》（一名）

敲《たた》き刑や拷問のとき、数を数える役。子どもでもできそうだが、うっかり数え間違えると進退伺い（辞表）を書かねばならない。二五俵三人扶持。

三、**打役**《うちやく》（**四名**）

敲き刑や拷問の笞《むち》打ちを務める役で、二名ずつ交代で務めた。賄賂をもらって手心を加えることは当然あったが、立ち会いの町奉行所の与力に疑われないように行動する必要があり、それはそれで大変だったらしい。二五俵三人扶持。

四、**小頭同心**《こがしらどうしん》（**一名**）

牢屋下男などを監督する役目で、牢内を見回って入牢者の人員点呼をする。

五、世話役同心《せわやくどうしん》（四名）
牢内の管理いっさいが仕事である。
六、書役同心《かきやくどうしん》
牢内の記録全般を司る。
ほかに炊事を務める賄役《まかないやく》、牢屋の監視をする本牢当番、百姓牢当番の役目があった。

その他の牢屋掛り

一、牢屋下男《ろうやしもおとこ》
同心の下で、雑用を勤める。給金は、年にたった一両二分の薄給であったが、囚人の身内からの付け届けだけでなく、囚人に依頼されて買い物に行くときにピンハネできたので、小金が貯まる仕事だった。

三八人いて、一八人が賄いの世話、二人が門番、二人が薬部屋に詰めて、病人の世話をする。あとの一六人は、その他の雑用全般を受けもった。

二、**牢屋医師《ろうやいし》（獄医《ごくい》）**

本道（内科）二名、外科一名が勤務しており、本道は二名で朝夕の見廻りをし、昼間は一名のみ詰めていた。

手当（給金）は月に一両。外科は一日置きに見廻り、月二分の手当が支払われた。このほか、投薬に際しては、別に料金（実費）が支払われた。

さらに、囚人のなかから死人（病死に偽装した殺人）が出たときには、やはり一件につき二分が袖の下として渡されたそうだから、相当な副収入になったと思われる。

牢屋敷内で死亡した未決囚の人数は徐々に増えていき、年間では実に一二〇〇～二〇〇〇人もが死亡したと記録に残っているから、牢屋医師の懐中には、いくらぐらいの病死鑑定料が渡ったのだろうか。

三、**その他**

正規の牢屋掛りは以上であるが、牢内の清掃から斬首の手伝いまで、前述の栄蔵のように、さまざまな場面で非人の手を借りていた。これは雇用ではなく、非人としての義務的奉仕であり、報酬は出ない。

■大牢

牢屋の種類

大牢《たいろう》

一般庶民の入る牢。東西二つある。三〇畳の広さがあるが、一畳につき、七～八人も詰め込まれるので、非常に窮屈だった。現在の雑居房は一〇畳ほどで六人部屋（熊本刑務所の場合。最近では八人詰め込まれることもある）なので、凄まじい違いである。

無宿牢《むしゅくろう》

無宿者を一般犯罪者と一緒に入れるのはまずいので間口二間（一・八メートル）の無宿牢を別に設けた。これも

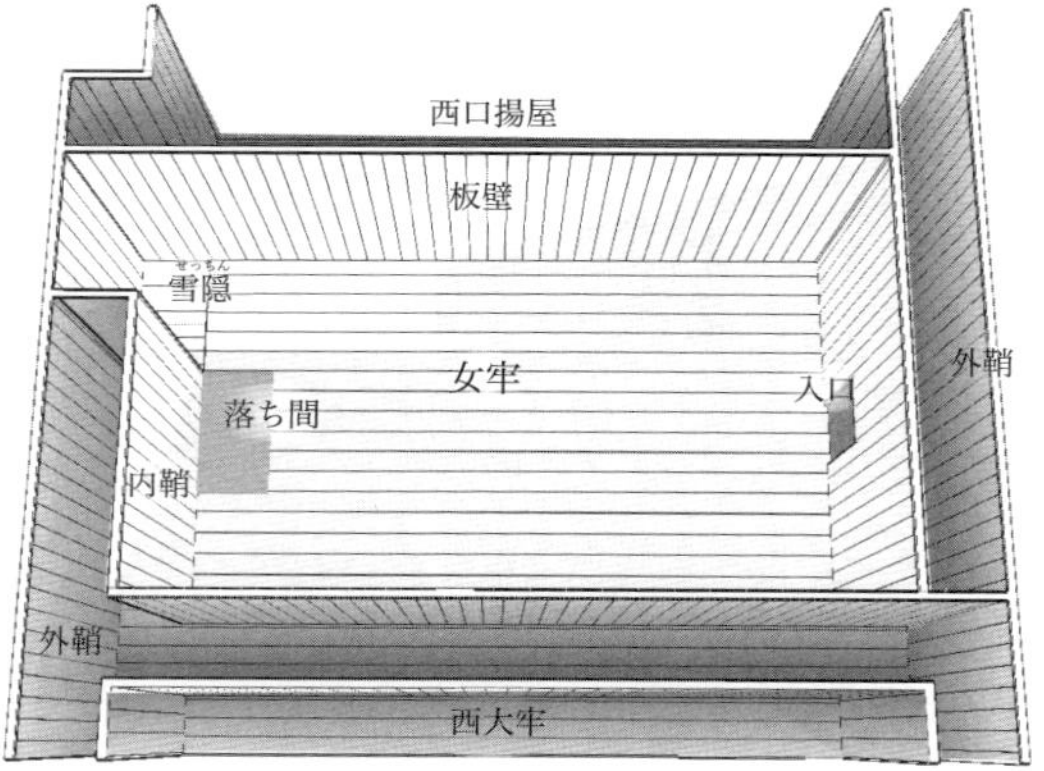

■女牢の間取り図

東西二つある。
なぜ、まずいかというと、無宿者の大半は、大飢饉などで年貢が納められなくなり、農地を捨てて江戸に流れ込んで来た者で、いわゆる犯罪者とは違っていたからである。

女《おんな》牢《ろう》

女性の入牢者は少なかったので、一つしかなかった。

揚《あが》り屋《や》

下級の御家人や、神官・僧侶など、やや身分のある者が入る。身の回りの世話をする者がつく。

揚《あが》り座敷《ざしき》

御目見以上の旗本など、身分のある者が入る。人数がよほど立て込まない限りは、一部屋一人で、身の回りの世話をする者もつく。

溜《たまり》

重病になった囚人を収容するための施設を溜と呼び、浅草と品川にあった。ただし、入牢したての者、および大逆罪などの場合は、溜へは移送しない。重病を装って移送時に脱走を図る者があとを絶たなかったため、病囚は厳重に縛り上げられて移送された。

牢内の生活

犯罪を犯した者は牢に送られ、取り調べを受けるわけだが、だいたいどのような流れだったのだろうか？

ここでは主に、大牢での生活を追ってみよう。

■唐丸籠で護送の囚人

入牢

唐丸籠《とうまるかご》で護送されてきた囚人は、証文と照合したうえで、衣類改め（身体検査）を受ける。囚人が女性の場合は「乞食の女房」と呼ばれる女牢の監視役が調べる。

このとき、役人は「金銀を持参していたら、差し出せ」と命じる。だが、もし衣類に金銀が縫い付けてあっても見逃すしきたりになっていて、馬鹿正直に差し出してしまうとあとでえらいことになる。

牢内での生活には「ツル」と呼ばれる現金は不可欠であり、牢役人にとっても、懐を潤すものなので、持ち込みは見逃されるのである。

とはいっても、持ち込み禁止の建前があるから、衣類に縫い付けるのみならず、肛門や、女性なら陰部に隠したり、口に含んだり飲み込んだりと、持ち込みには工夫を凝らした。このあたりの苦労シーンは、時代劇でお馴染みである。

さて、いよいよ入牢である。鍵役が牢名主《ろうなぬし》（後述）に向かい「牢入りがある。何殿御掛り住所、氏名、年齢、何々一件の者」と新入り囚人の紹介をすると、牢名主は「おありがとうございい」と答える。鍵役に追い込まれて、着物を抱えた褌《ふんどし》一丁の入牢者が留口から転がり込むと、中の囚人が引きずり込んで、両方から尻を叩く。これを「キメ板を喰わせる」という。

尻を叩かれた新入りは裸のままましゃがんで、着物を被せられて夜までそうしていなくてはならない。夜になると牢役人《ろうやくにん》（後述）から、何をして牢に入ることになったのかを聞かれ、ツルを差し出すように言われる。このツルの多寡で牢内の生活の快適さが変わるから、ツルはまさに命の綱であった。

ツルがなくて凄絶なリンチにあい、嬲《なぶ》り殺されたり瀕死の重体に陥る者も、ざらにあった。

ツルがなくてリンチを免れた人物としては、幕末に安政元年（一八五四）に浦賀に再来航していたペリーの艦隊に対してアメリカ密航を望んだものの、密航を拒絶されて送還され、伝馬町の牢屋敷に送られた吉田《よしだ》松陰《しょういん》が有名である。

牢の**先客**に松陰を見知った者がいて「松下村塾の吉田松陰先生です」と牢名主に紹介したことでリンチが中止された。

このエピソードが勝新太郎主演の『座頭市』でも使われている。罠に嵌《はま》って、座頭市は牢に送られたのだが、ツルを持っておらず、あわやリンチに遭遇という場面で「これが、かの有名な座頭市さんで」と紹介する者がいて、牢名主が手の平を返したような、下にも置かぬ態度になる。

なお松陰は最終的に大老の井伊《いい》直弼《なおすけ》の裁可で斬首に処せられるが、このときに首を斬ったのが、首切り浅右衛門こと第七代の山田《やまだ》浅《あさ》右衛《え》門《もん》吉利《よしとし》である。

逆に、不正を犯して投獄された岡っ引きや下っ引きは、どれほど高額のツルを持ち込もうが、正体がバレたら一巻の終わり。確実に病死に偽装して殺害され、持ち込んだツルは、牢屋医師に病死鑑定料として、その一部が支払われた。

牢内の一日

牢内では、毎朝四時頃、平当番一人、張番一人が来て、「今日の買い物」と呼んで歩く。各牢内からキメ板に買いたい物のリストを書いて出すと、二〇〇文分だけ買い整えてくれる。

酒一本でも大根一本でもなんでも一分で、差額は張番の余禄となった。ご禁制の品は買えないはずだが、刃物と火付け道具以外は見逃されることになっていた。

朝五つ時（夏至ならば午前六時、冬至ならば午前八時）になると食事が運ばれた。

食事は囚人一人につき玄米五合で、白米にすると四合五勺になるが、それを朝夕の二回に分けて配給した。椀を盛相《もっそう》と呼び、「モッソウ飯」の語源である。副食は味噌汁と糠漬けの大根だけであった。

ちなみに網走刑務所では現在、食事体験ができるが、それによると一食のメニューは、麦飯・さんま・つけもの・味噌汁・春雨サラダでカロリーは六〇〇キロカロリー。

現代の刑務所の食事は、麦飯を使っていることもあり、健康食として評価されているが、江戸時代の牢屋敷の生活では、まず間違いなくビタミン不足で病気になるだろう。

朝四つ時（夏至ならば午前九時、冬至ならば午前一〇時）と七つ半時（夏至ならば午後六時、冬至ならば午後四時）、そのほか不定時に牢内の見廻りがあった。

夕食は夕方七つ時（夏至ならば午後四時、冬至ならば午後三時半）になる。

夜六つ時（夏至ならば午後七時、冬至ならば午後五時）になると、牢内の夜回りがあり、これは時間を切って明六つ時（夏至ならば午前四時、冬至ならば午前六時）まで行なわれた。

牢内は昼でも日が差し込まないから、夜になると火の気もなく、真の闇である。この床の上に畳一帖に六人詰、八人詰、一〇人詰、一二人詰と区別されて寝かされたから、身動き一つできなかった。

毎日、誰かしらが吟味に呼び出され、処刑もほぼ毎日のように行なわれた。

朝食前に平当番同心が御仕置者を詳しく書き付けて牢名主に渡しておくから、囚人の同心への引き渡しは、スムーズに行なわれた。

五〜六日に一回は、囚人をすべて牢外に出し、石出帯刀をはじめとする牢役人が牢内を検査し、禁止の品の持ち込みがないかどうかを調べた。しかし、刃物と火付け具以外は見逃されるのが常だった。

囚人にはお仕着せの衣類が給付されたが、ほとんどの囚人は自分の着物を着ていた。

入浴は二〇日に一度、月代《さかやき》を剃って結髪するのは毎年七月に一度であった。

トイレ（当然汲み取り式）は牢内の隅にあり、便所へ行くことを「ツメ」と言った。トイレの側は隠居役の場所で、そのほか雪隠番と呼ばれる番がいた。

牢内には水を入れた四斗樽が五〜六個あり、糠味噌付けの樽まで置かれていて、人の匂いとトイレの匂いが混ざり合って、凄まじい匂いであっただけでなく、実際に病気になる者も多かった。

夏は暑く、臭気も甚だしかったが、牢一つにつき団扇《うちわ》四〜五本が差し入れられるのみで、その団扇さえも、牢名主など数人に独占された。

冬も寒かったが、湯湯婆《ゆたんぽ》は二人に一つしか与えられなかった。

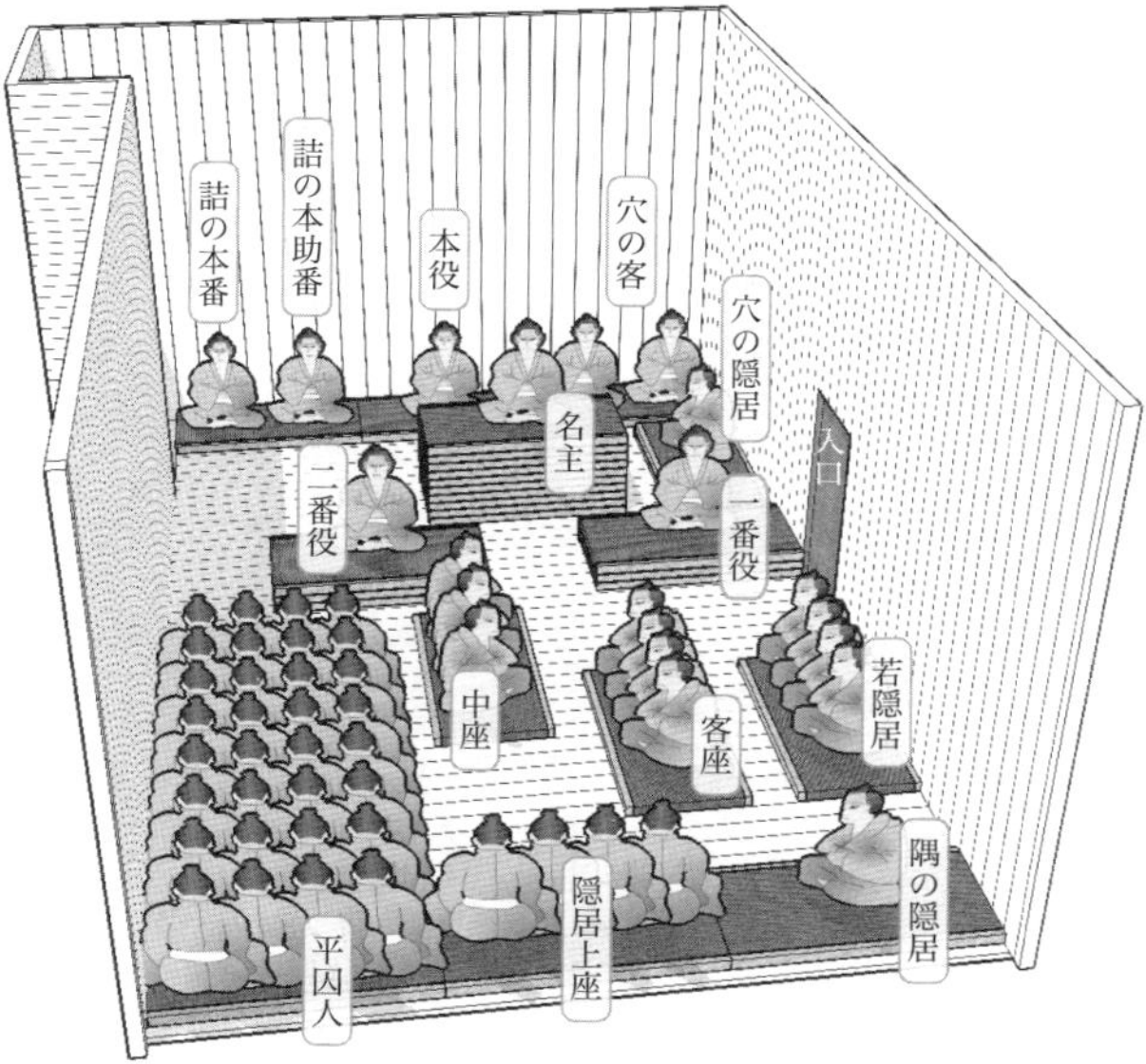

■牢内役人の座席の位置

牢内の組織

牢内には牢役人と呼ばれる組織があって、一二人の牢役人が、すべてを仕切っていた。畳も五日に一度の牢内見廻りのとき以外は積み上げられ、牢役人が独占していた。平囚人は一畳に七、八人も座らされていた。

一番偉いのが牢名主で、一〇枚の畳の上に座り、牢内のすべてを取り仕切る。牢名主や牢役人の選定は、持ち込んだツルの多寡や、シャバで犯した罪の重さなどから決められた。

最初は軽罪の者が選ばれたが、幕末になると、犯罪の軽重に関係なく、在牢期間の長い者や、頻繁に入牢して牢法に熟知した者（死罪や遠島になっていないわけで、必然的に軽罪の者ということになる）が選抜された。

一二人の牢役人のほかに、多額のツルを持ち込むことで「隠居」などと呼ばれる地位に就くことができた。蛮社《ばんしゃ》の獄《ごく》事件で、高野長英《たかのちょうえい》や渡辺崋山《かざん》が入牢したとき、ツルと学問に対する敬意から、この地位に就いていた（牢名主になれた、という説もある）。

区分	役職名	実際の仕事
上座（戸前番）	牢名主	牢内自治の責任者で、通称「お頭」
	添役・角役	臨時の役職で仕事は一番役と同じ。牢名主の経験者等がなる
中座	一番役	牢囚の数の把握、配食の監督、急病人の処置など日常生活の監督
	二番役	牢屋敷役人との連絡折衝役
	三番役	病囚介護・薬受け渡しの責任者
	四番役	不正な衣類や物品の取り締まり、新入りへの指導
	五番役	起床・就寝の指図、食事の受け渡し確認
下座	本役	本番とも。給食の実行の責任者
	本助番	本役の補佐役。食器を洗って返却する責任者
	五器口番	配食・食器返却の補助
小座	詰の本番	便所の番人・責任者、病人の介抱役
	詰の本助番	詰の本番の助役
	平囚人	金毘羅通り（上） （畳１枚に４～５人） 中通り（中） （畳１枚に５～６人） 向通り（下） （畳１枚に７～８人）

牢内の拷問と殺人

前述のように、新入りにツルがないと拷問を受けることになる。裸のまま土間へ下ろし、牢内の糠味噌桶の上澄みの水を全身になすりつけて、一晩そのまま放置する。

こうすると、雑菌が傷口に入ることにより、感染症を起こして体に腫れ物ができたり、寒いときには半死半生になることもあった。

岡っ引きや下っ引きなどが罪を犯して入牢すると、「この新入りにご馳走を取らせろ」と牢名主が命じる。

そうすると、厠《かわや》から大便を山盛りにして椀に盛り、無理矢理に三杯食べさせるのである。この拷問により感染症になり、死亡する者も多かった。

感染症にならなくても、どのみち岡っ引きや下っ引きの正体がバレたら、手を替え品を替え、死ぬまで徹底してリンチが続けられた。

また、牢内の人数が多くなりすぎると、「作造り」と言って、蒲団巻きにして一晩ずっと逆さに立てかけるなどして平四人を殺し、病死として届け出ることも日常茶飯的に行なわれ、一晩に三人も四人も片付けられることもあったという。

火事と脱獄について

前述の通り火事のときには「切り放ち」が行なわれ、囚人を逃がすことになっていた。ただし重罪の者は縛って護送し、切り放ちは軽罪の者に限られた。切り放たれた囚人は三日目までに回向院の境内に立ち戻れば罪一等を減じ、逆に、戻らないと捕まり次第、死罪となった。

脱獄には牢を破壊して逃げる〝牢破り〟と、取り調べや護送の途中に逃げる〝牢抜け〟とがあり、どちらも発覚すれば死罪であった。

高野長英は非人に放火させ、切り放ちに乗じて脱獄している。また、第五章で述べるように、稲葉《いなば》小僧《こぞう》新助《しんすけ》は不忍池《しのばずのいけ》の畔の茶店の便所から縄抜けして脱走している。

永牢《えいろう》

永牢は恩赦ありの終身刑を意味し、例外的に科される刑である。

この刑に服したので有名な人物は、前述の蘭学者の高野長英で、鳥居耀蔵が冤罪をデッチ上げた蘭学者弾圧の蛮社の獄事件の際に、政府批判のかどで永牢を科せられている。

のちに長英は、非人を操って牢屋敷に放火させ脱獄、顔を焼き、名前を変えて逃亡するも、嘉永三年（一八五〇）に捕えられ、護送中に絶命した。

人足寄場《にんそくよせば》送り

人足寄場は、寛政二年（一七九〇）に火付盗賊改方頭の長谷川平蔵が老中の松《まつ》平越中守定信《だいらえっちゅうのかみさだのぶ》に建議して、設立された。

犯罪者（主に無宿者）に更正と生活の道をつける機会を与えるもので、日本における近代刑務所の起源をここに求める者もある。

人足寄場奉行の役高は二〇〇俵二〇人扶持であった。

寄場人足は柿色に白の水玉模様で、人足のなかから選ばれた世話役は花色に白の水玉模様のお仕着せを着せられていたので、彼らを「水玉人足」と呼んだ。

手に職がある者はそれをやらせ、ない者には米搗《つ》き、炭団《たどん》作り、藁細工などを教え、桶や盥《たらい》、再生紙などを製造した。

人足は朝五つ（夏至ならば午前六時、冬至ならば午前八時）から、夕方七つ

（夏至ならば午後四時、冬至ならば午後三時半）まで働き、売り上げの三分の二を毎月二度、受け取った。

寄場からの脱走は死罪とされたが、のちに情状酌量されるようになった。理由は不明。もともと、人足寄場送りは微罪で、そこから脱走したからといって一気に死罪では重すぎると考えた者が、上層部にいたのだろう。

最初はうまく機能した人足寄場だが、次第に労役刑に近い性格になっていき、寄場送りも入牢と同様に嫌われるようになった。

取り調べと拷問について

江戸時代というと、めったやたらに拷問をしていたような印象があるが、実際には老中に伺いを立てたうえでなければ、拷問できなかった。

拷問されるのは、だいたい死罪以上の刑に該当する重大犯罪者で自白しない者に限られ、拷問の手段も享保年間（一七一六～一七三五）以後は笞打《むちう》ち・石抱《いしだき》・海老責《えびぜめ》・釣責《つりぜめ》の四種に限られるようになった。

拷問をしてでも自白を取らなくてはならなかった理由は、江戸幕府の裁判制度が自白偏重ではなく、『公事方御定書《くじがたおさだめがき》』という刑法により、自白なしでは原則として罪に問うことができない法律およびシステムになっていたからである。

現在の日本国憲法の第三八条第三項で「何人も自己に不利益な唯一の証拠が本人の自白である場合には、有罪とされ、又は刑罰を科せられない」とあるのと正反対である。

拷問は牢屋敷内の穿鑿所《せんさくじょ》で行なわれ、町奉行所の吟味与力、御徒目付《おかちめつけ》、御小人《おこびと》目付《めつけ》が立ち会った。

囚人を引き据えても、いきなり拷問が始まるのではない。もう一度じっくり懇々と説諭して自白をうながし、それでも受け入れない場合にのみ、拷問を行なった。

拷問の種類

一、笞《むち》打ち

拷問は笞打ちから始まる。縛り上げた囚人の背中を、竹を麻で包んだ笞で打つのである。

囚人が拷問にかかる予告があると、牢名主は梅干しの肉を囚人の口中に含ませる工夫をしてやった。

梅干しには、喉の渇きを防ぎ、呼吸を整える効果があるといわれている。また、気絶すると笞打ちがやむので、気絶する方法なども教えたようだ。

自白しない場合でも、だいたい五〇回も敲かれると気絶したので、そこで牢屋医師が拷問中止を命じる。

牢内に運ばれると、牢名主が自白したかどうかを尋ね、自白していると、放りっぱなしにされたが、自白しなかった場合は手厚い介護を受けた。

囚人を裸にして牢内中の者で手取り足取り、揉み和らげ、酒を全身に吹きかけるのである。医学的根拠はわからないが、これで実際に回復し、また次の拷問に耐えられるようになったらしい。

笞打ち後は、回復するまで数日間の猶予が与えられ、寝て過ごすことができた。

二、石抱《いしだき》

笞打ちを何度か耐えると、次は石抱きである。三角に尖った材木を並べて打ち付けた板（十露盤板《じゅうろばんいた》）の上に囚人を正座させる。これだけで痛くてたまらないのに、その上に一三貫（四九キロ）もある石の板を五枚、白状しないときは一〇枚も乗せるのである。たいていは五枚も積まれる前に白状するという。

幕末の盗賊で、元は旗本だった青木弥太郎《あおきやたろう》が、明治維新の恩赦まで、この拷問を耐え抜いたことで知られる。

女囚に石抱が行なわれることは滅多にないが、三枚くらい抱かされたところで糞尿を漏らすなどすると、中止することになっていた。女性を責めるのは難しかったのである。

天明四年（一七八四）から天明五年にかけて、火付盗賊改方頭（本役の長官）であった横田権十郎松房《よこたごんじゅうろうとしふさ》（源太郎とも）が考案した、と伝えられる。

三、**海老責《えびぜめ》**

石抱でも白状しないと、この海老責に移る。体を海老のように折り曲げて縛り、放置する拷問で、天和三年（一六八三）に火付盗賊改方頭の中山勘解由直守《かげゆなおもり》が発明したと伝えられる。

内臓に負担をかけ、牢内に戻されても、数日も体の自由が利かず、発熱して苦痛に呻《うめ》くというが、これも慣れてしまう者がいるらしい。稀に、この拷問で恍惚を感じる者さえいたと伝えられている。ドMである。

この海老責と次の釣責は穿鑿所ではなく、拷問倉《ごうもんぐら》で行なわれる。

四、釣責《つりぜめ》

極めつけとして行なわれるのが釣責である。後ろ手に縛って吊されると、ものすごい苦痛で失神するが、苦痛でまた眼を覚ますということを延々と繰り返す。誰でも二時間以上は保たないという。

この拷問にも耐えたのが木鼠吉五郎《きねずみきちごろう》で、ゆすり恐喝で捕えられたのだが、足かけ三年の間、二八回の拷問にも最後まで自白しなかったので、察斗詰《さっとづめ》（後述）となった。

五、非公式な拷問

公式な拷問は以上であるが、「眠らせない」などは、拷問とは見なされなかったし、火付盗賊改などでは、これ以外の拷問も黙認されていた。

たとえば、釣責に石を乗せた石抱き釣責や、海老責にして十露盤板《じゅうろばんいた》に乗せ、さらに石を乗せる石抱き海老責などの「合わせ技」である。

ほかには、縛って雪の中に放置する雪責、煙で燻《いぶ》す燻し責、食物を食べさせない食物責などである。

察斗詰とは

これらの拷問で自白しなかった場合に限り、自白なしで刑が決められ、執行されることになっていた。これを察斗詰という。

察斗詰がある以上、自白してもしなくても同じに思えるが、自白せず、手下などの自白や目撃者の明確な証言がなければ死罪を免れた。江戸時代を通して察斗詰になった罪人は、先の木鼠吉五郎や青木弥太郎をはじめ、ほんの数人である。

木鼠吉五郎は死罪になったが、青木弥太郎は粘り抜いて永牢《えいろう》を勝ち取り、明治維新の恩赦で出所している。

拷問で自白した場合

自白すると、ただちに責めは中止され、気付け薬と水が与えられる。拷問はそもそも死罪以上の罪人を対象に行なわれるので、自白したからといって刑罰が軽くなるわけではない。自白を元に白状書が作られ、囚人に確認させて拇印を押させた。

町奉行はこれを元に刑罰を決定し、老中に裁可を仰ぐことになる。

自首した場合には減刑がありうるが、それも斬首された吉田松陰のように為政者の胸三寸でどうにでもなる。

拷問中に死亡した場合

そもそも囚人は、長い入牢生活で弱っているところを拷問されるのだから、死亡例は多かった。しかしすでに老中の許可を得て拷問を行なっているので、よほどのことがない限り役人が罪に問われることはなかった。

ただし、死亡でなくても、拷問によって自白させたが、のちに冤罪だったと判明した場合には、与力や同心が死罪や遠島に処された実例が存在するので、安直に拷問ができたわけではない。

いずれにせよ、町奉行所与力や御徒目付、御小人目付が立ち会っているので、故意に殺すようなことも簡単にはできなかったのだ。

第四章

町奉行所以外の組織と縄張り

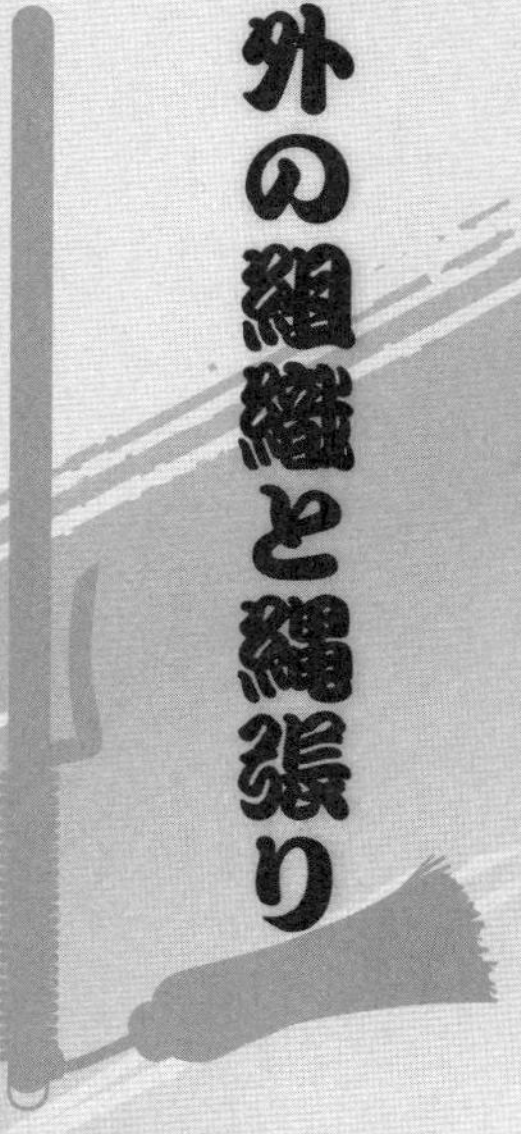

事件・事故の縄張り争い

現代では、犯罪や火災、海難事故を取り扱うのは、**警察**のほかに、**地検特捜部、海上保安庁、厚生労働省、公正取引委員会、国税局、消防庁**などがあり、縄張り争い的な縦割りの弊害が叫ばれるが、それに似た弊害が、江戸時代にも存在した。

どちらかといえば押し付け合いのほうが多かった。その理由は、事件解決に要する経費が幕府からは出ず、発生地の負担だったからである。

たとえば、初期の火付盗賊改（当時は盗賊考察）で、正徳五年（一七一五）から享保元年（一七一六）まで務めた五五七〇石の船越《ふなこし》五郎《ごろう》右衛門《えもん》景次《かげつぐ》という人がいる。

この船越景次の許《もと》に、「越後国蒲原郡（現在の新潟市や五泉市、三条市の一部）で盗賊が横行している」と訴えがあった。船越は同心・松野《まつの》市兵衛《いちべえ》、田沢《たざわ》勘太夫《かんだゆう》を派遣、頭目の五右衛門以下の一味七名を捕縛した……まではよかった。

ところが、一味の身柄を一時預けしようとしたところ、一味の巣窟が安代《やすしろ》村

（現在の三条市安代）と戸口村（現在の三条市戸口）の境界付近にあったものだから、どちらの村も「自分の村の住人ではないから預からない」と拒否。預かったら、江戸への護送費用を負担することになるわけで、何か口実さえあれば拒否するのも当然だった。

そこで二人の同心は仕方なく、最寄りの代官所へ預けようとしたところ、「両村で預からない者を、無関係な当代官所で預かるのは筋が通らない」と、これまた拒否される。

その次に近い代官所が、黒人演歌歌手ジェロのデビュー曲『海雪』の舞台となったことで有名な出雲崎《いずもざき》で、そこへ連行していったが、やはり同じ理由で拒否される。二人の同心は、あっちへ行ったりこっちへ行ったりしているうちに、ついに出張費を使い果たし、どうしようもなくなって、一味を放免して江戸に帰る羽目になった。

その後、勘定奉行を通して新発田《しばた》藩（現在の新発田市）主の溝口伯耆守重元《みぞぐちほうきのかみしげもと》（桜田門の警備を担当）に協力命令を出してもらい、松野と田沢の両同心は再び越後へ出張、一味を再捕縛して、新発田藩に身柄を預けた。

それから新発田藩士に護送してもらい（この護送費用は新発田藩の負担となる）、ようやく一味は江戸に到着、船越景次が取り調べをしたあとに身柄を勘定奉行へ引き渡す、という手順を踏んだ。

この一連の不手際のため、船越景次は火付盗賊改《ひつけとうぞくあらため》をクビになっている。

江戸時代、いかに建前論を振りかざした責任の押し付け合い、盥回《たらい》しが多かったかがわかるエピソードである。

ここでは、そんな江戸時代の刑事警察機構にかかわる、町奉行所以外の機構について紹介していく（江戸時代の警察機構として、目付や大目付があるが、武士や大名が対象のため、本書では割愛する）。

火付盗賊改の役割

火付け・盗賊・賭博を取り締まるのが、池波正太郎《いけなみしょうたろう》の『鬼平犯科帳』で知られる火付盗賊改（火盗改）である。町奉行が文官であるのに対し、火盗改は武官であり、本来臨時の役職である。

臨時の役職だった火盗改が常設されていたことから、江戸の治安は悪かったと

出役姿

火付盗賊改役頭の出役　火付盗賊改与力の出役　火付盗賊改同心の出役

考える向きもあるが、町奉行所と火盗改を足しても現代の警察の規模には遠く及ばないのだから、江戸の治安は極めてよかったと考えるべきだ。

町奉行所と火付盗賊改の違い

火付盗賊改は、町奉行所では対応しきれない凶悪犯罪に対応することを目的として設置されたため、町奉行所とは性格をだいぶ異にしている。

①犯罪者の身分に縛られない……縦割り司法の弊害をなくすために、町人はもちろん、牢（浪）人のみならず、神官・僧侶・旗本・御家人に至るまで逮捕する権限が与えられた。

町奉行所が手を出せないのを承知で犯罪をはたらく「早飛《はやとび》ノ彦《ひこ》事件」などの犯罪事情をうかがわせる（詳細は第五章）。

②**必ずしも犯罪者の捕縛を目的としない**……江戸時代前期における「盗賊」は武装強盗団であり、十分な武装をし、戦場経験のある連中もいた。帯刀しているとはいえ、基本的に非武装（装備は捕縛用のものである）である町奉行所では、それらの対応に限界があるところから設置されたという経緯もあり、火盗改は十分な武装をし、犯罪者を斬り捨てることも多かった。

現代で、人質事件や立てこもり事件が発生した際、警察は犯人を生きたまま逮捕しようとするが、軍隊（特殊部隊）が出動した場合は、犯人の無力化（射殺）をもって事件を解決しようとするのが、考え方としては近いだろう。

③**拷問をためらわない**……町奉行所では拷問についてさまざまな制約があり、実際に拷問が行なわれることは少なかったが、火盗改では拷問をためらわなかった。このことから「**加役《かやく》屋敷**（後述）へ送られたら、白状しない限り生きて出られない」と言われていた。

現在では、前アメリカ大統領だったブッシュ政権がテロリストに対する拷問などで問題視されているが、人権意識が「全然」といってよいほど稀薄だった江戸時代において、江戸の治安維持は人権（という概念自体なかったが）に優先された。ただし、これが多くの冤罪を生んだことも否めない。

火付盗賊改の歴史

町奉行所では対応できない凶悪犯罪や、武家地・寺社地・代官領などを利用して逃げ回る犯罪者を取り締まるため、寛文五年（一六六五）一〇月に、武官である先手頭《さきてがしら》の水野小左衛門守正《みずのこざえもんもりまさ》が関東強盗追捕《かんとうごうとうついぶ》を兼ねた町奉行から独立したのが、永続的にこのセクションが設置された、そもそもの始まりである。

それ以前だと、大規模な強盗事件が発生したときに臨時に任命された、服部保正や久永重勝の例がある（第五章で改めて触れる）。

草賊追捕《そうぞくついぶ》、関東国々盗賊考察《とうぞくこうさつ》、村里盗賊考察、盗賊考察、火賊《かぞく》考察、博徒《ばくと》考察、放火賊考察、博奕《ばくち》改《あらため》、盗賊捕獲、火賊捕盗、火賊追捕などといった職名の変遷を経たが、火付改と盗賊改の兼務が主となったことから、火付盗賊改と呼ばれることになった。

役所は水野の屋敷に置かれ、以後の火付盗賊改も、拝命した御先手頭の拝領屋敷が役宅ということになった。のちに**加役屋敷**と呼ばれるようになる。

加役とは、本来の職掌のほかにもう一つの職を兼務した場合、兼務したほうの役をいう。先手頭が火付盗賊改を兼務したことが有名となって、火盗改の役を、俗に加役と呼ぶようになった。

ただし、完全に火付盗賊改という役職名が固定するのは、幕末に近い安政二年（一八五五）、ペリーの黒船が再来航した翌年のことである。

火付盗賊改は当初一組であったが、江戸の拡大に伴い、火事の発生しやすい一〇月から三月まで、二組目が置かれるようになった。これを「当分加役《とうぶん》」と呼び、これに対して、従来の火盗改を「本役」または「定役《じょうやく》」と呼ぶ。

また、臨時動員で三組目、四組目が置かれることもあり、これを、「増役《ましやく》」と呼んだ。増役が置かれた典型例としては、幕末の黒船来航に伴う世情騒然が挙げられる。

これ以降は町奉行所の強化や火付盗賊改の増員といった小手先の対応では追いつかなくなり、男谷下総守信友《おたにしもうさのかみのぶとも》（勝海舟の従兄）の建議で武芸訓練機関の講武所を設立したり、急ピッチで軍制改革を行なっていく。講武所はのちに軍艦操練所や砲術訓練所となって発展的に解消される。

幕末に到るまでの火盗改の規模拡大は、江戸の治安悪化を意味するというよりも、江戸の規模拡大をそのまま反映したと考えるのが妥当だろう。

火付盗賊改の構成

長官である火付盗賊改役（先手頭が加役として務める）の下に、与力一〇騎、同心五〇人がつく。先手組の構成は一組につき与力五騎、同心三〇人であるから、足りない分に関しては、よその先手組から借りてくることとなる。

この数字は町奉行所の半分以下だが、市政のすべてを司る町奉行に対し、火盗改は刑事関係のみの扱いであるから、決して少ない人数だったわけではない。なお、当分加役・増役の場合は、自分の組下の与力・同心のまま職務をこなし、増員は行なわれなかった。

当分加役まで含めても、せいぜい一〇〇人未満の組織で江戸の治安を機動的に守っていたのだから、驚きである。

公式には、以上が火盗改の全容であるが、『鬼平犯科帳』で密偵たちが活躍するように、現実の火盗改も岡っ引き・目明しの類を使っていた。火盗改では岡っ引きを「差口奉公《さしぐちほうこう》」と称していたが、町奉行の使う岡っ引きと同様の弊害があったようで、明和八年（一七七一）には、差口禁止の布令が出ている。

差口には、犯罪者がなる事例が多く、自分の罪を軽くするために無実の者を密告し、また火盗改のほうでも、これを拷問して自白させてしまうというケースが決して少なくなかったらしい。

なお、火付盗賊改の取り扱い事件で、のちに冤罪であった事実が判明して担当の与力や同心が閉門に処されたり、なかには、八丈島に遠島になった者さえいる。

具体例を挙げると、享保三年（一七一八）から享保一〇年まで本役を務めた山《やま》川安左衛門忠義《かわやすざえもんただよし》という五〇〇〇石の先手筒頭と、享保四年から享保一一年まで加役を務めた、九〇〇〇石の先手筒頭の飯田惣左衛門直恒《いいだそうざえもんなおつね》がいる。

この二人の使っていた岡っ引きに般若面《はんにゃめん》の源七《げんしち》なる者がいたのだが、放火窃盗犯として伝兵衛《でんべえ》という無宿者を捕えた。

ところが、南町奉行の大岡越前守配下の同心であった中山五右衛門《なかやまごえもん》と小川久兵衛《おがわきゅうべえ》の聞き込みで、伝兵衛に事件当夜のアリバイがあることが突き止められ、市中引き廻しのあとの火あぶり寸前という際どいところで、実は冤罪だったと判明する。

この件で源七は死罪、虚偽の自白をした伝兵衛は、江戸所払となった。

また、同じく鬼子儀兵衛《おにこぎへえ》という岡っ引きが、冤罪デッチ上げをチラつかせて大勢の町人を脅して大金を巻き上げ、その悪事が露見しないよう、与力や同心に金を掴ませたり、吉原の遊女を抱かせたりしていたと判明した。

鬼子儀兵衛と与力の菅谷忠次郎《すがやちゅうじろう》と菅谷平太夫《へいだゆう》、同心の椎名嘉右衛門《しいなかえもん》、土屋半助《つちやはんすけ》、福本新八《ふくもとしんぱち》、飯田林右衛門《いいだりんえもん》が死罪、同心の田村団四郎《たむらだんしろう》、糸賀三右衛門《いとがさんえもん》が八丈島に遠島になっている。

火付盗賊改方頭（長官）だった山川忠義と飯田直恒は当然、クビである。

だから拷問でも、なんでもかんでも強引にやっていたわけではなく、「こいつはクロだ」と勘でにらんだ者を拷問にしていたわけだ。

苦労の割に（拷問をすることから）民衆にも嫌われ、実入りも少ない職だったようである。

関八州取締出役《かんはっしゅうとりしまりしゅつやく》の役割

「関東取締出役」「八州廻り」などとも呼ばれる。国定忠治《くにさだちゅうじ》の捕縛で知られるように、国境を越え、関八州の治安維持に当たった役職である。

関八州とは上野国《こうずけのくに》・下野国《しもつけのくに》・常陸国《ひたちのくに》・安房国《あわのくに》・上総国《かずさのくに》・下総国《しもうさのくに》・相模国《さがみのくに》・武蔵《むさしの》国《くに》で、現在の関東地方全域と考えて差し支えない。

とにかく関八州には幕府領（天領）や、小領主の飛び地が多い。幕府及び諸藩の治安維持組織は完全な縦割り行政のため、犯罪者に管轄外地域に逃げられると、原則として手出しができなかった。

そこで、その境界を越えて犯罪を捜査・犯罪者の捕縛を行なうために置かれたのが、関八州取締出役である。権限は江戸府外の関八州全域に及んでいたが、御三家である水戸藩領など、管轄外とされる場所もあった。

権限として、無宿無頼や凶状持ちのお尋ね者を発見すれば江戸送りにでき、抵抗すれば、その場で斬り捨てることもできた。また、かるた博奕《ばくち》などはその場で即決の五〇敲《たた》きにした。

笹沢左保《ささざわさほ》の『木枯《こがら》し紋次郎《もんじろう》』や、勝新太郎《かつしんたろう》主演の『座頭市《ざとういち》』、何度もテレビドラマ化された『天保水滸伝《てんぽうすいこでん》』で描かれたように、関東地方は無宿者や博徒などの巣窟であった。それを取り締まっていたのが八州廻りである。

しかし、彼らを取り締まるため、大多数の八州廻りは無宿者たちを手下にしており、癒着も激しかった。「泣く子も黙る八州廻り」の異名は、決していい意味ばかりではない。

関八州取締出役は、文化二年（一八〇五）に設置された勘定奉行配下の役職であり、代官所の吏員である手代・手附（身分上は足軽格）から任命された。

とにかく一年中ずっと巡回を続けるのが仕事で、江戸にいるのは正月の七日間のみとまで言われており、「八州廻りの子は、たいてい一〇月産まれ、これはわかるが、間に産まれるのはこれ如何に、剣呑剣呑《けんのん》」と江戸詰めの仲間から冷やかされたという。

八州廻りとやくざとの関係は、現在の暴力団と組織犯罪対策部の関係と違い、もっと癒着していたようだが、それを一定の成果を挙げたと見るか、江戸幕府の治安維持能力の崩壊の過程と見るかは、難しいところだ。

寺社奉行・勘定奉行・道中奉行の組織と縄張り

寺社奉行の役割

寺社奉行は、全国の寺社および寺社領の人民・神官・僧尼・楽人・盲人・連歌師・陰陽師《おんみょうじ》・古筆見《こひつみ》（古書の鑑定家）・碁将棋を支配して、その訴訟を取り扱った。

寺社領内に居住する人民や、神官・僧尼が寺社奉行に管轄されるのは当然だが、楽人・盲人・連歌師・陰陽師・古筆見・碁将棋までがなぜ支配下に入るのだろう？

理由は単純で、こういった職種の人々の活動の場が主として寺社の建物や境内だったからだ。寺社の例祭には、決まってこういう人々が呼ばれ、技能を披露していた。

寺社奉行は大名から選ばれ、だいたいの場合、「奏者番《そうじゃばん》」を兼任し、定員は四人で、月番《つきばん》を定めて勤務した。配下は、幕府直属である与力・同心ではなく、自分の家臣から寺社取次・大検使・小検使・吟味物調役・同心を設けた。

奏者番とは、江戸城中における礼式を管理する役職で、大名・旗本が将軍に拝謁する際、あるいは領国に帰国中の大名が使者に献上品を持たせ、江戸城に派遣した場合に贈り主の氏名と献上品の内容を確認して将軍に報告し、将軍が下賜《かし》を行なう際の伝達業務にあたった。

さらに、大名の転封などの重大な決定や、大名家の不幸に際して、上使として派遣されたり、徳川御三家の法要において、将軍が参列できない場合の代参を行なうこともあった。また、将軍の御前で元服を行なう大名の世子に礼儀作法を教える役目も担った。

寺社奉行は出世コースで、これを勤めると、大坂城代・京都所司代を経て老中に昇る者もあった。慶長一八年（一六一三）に板倉《いたくら》伊賀守《いがのかみ》勝重《かつしげ》・金地院《こんちいん》崇伝《すうでん》が寺社管理を話し合い、寛永一二年（一六三五）に安藤《あんどう》伊勢守《いせのかみ》重長《しげなが》など三人を奉行としたのがはじまりである。

寺社地の門前地は本来寺社奉行の管轄だったが、延享二年（一七四五）に門前地に限り町奉行の支配に改められた。

訴訟は寺社奉行だけで裁くものを「手限りもの」といい、町奉行・勘定奉行と共に、三奉行で立合裁判するのを「三手掛り」、さらに、大目付・目付が加わるのを「五手掛り」といった。このほかに、現代の**最高裁判所**にあたる評定所の裁きがある。

寺社奉行という名称から、宗教に関することを取り締まっているかのように思われがちだが、実際の仕事は、現在でいうとむしろ**裁判官**に近い。

町奉行と寺社奉行の両方を務めた者としては堀式部少輔直之《ほりしきぶしょうゆうなおゆき》、大岡忠相、阿《あ》部《べ》豊後守正外《ぶんごのかみまさとう》、松平周防守康英《まつだいらすおうのかみやすひで》がいる。

最もポピュラーな出世コースは、奏者番→寺社奉行（もしくは、奏者番と兼務）→若年寄（あるいは大坂城代・京都所司代）→老中というものである。

大検使・小検使

寺社領内で事件があったときに、出役（出張）して事件を取り調べ、必要があれば、容疑者を召し捕えるのが、大検使と小検使である。寺社格の高いところには大検使が、そうでないところには小検使が出役する。検使は自ら捕り物はせず、同心に召し捕らせた。

犯罪者が寺社領内に逃げ込む事例は、決して少なくなく、その場合には、町奉行は手出しできなかったので、寺社奉行所に連絡して小検使に捕えてもらうか、許可を得て踏み込んで逮捕したが、手続きに時間がかかり取り逃がすことも多かった。

この縦割り司法の弊害も、火付盗賊改方が組織された理由の一つである。

勘定奉行の役割

勘定奉行の職務内容は諸国の代官の管掌、収税・徭役・金穀の出納と幕府領（天領）内の人民に関する訴訟を取り扱った。役高は三千石だった。

慶長八年（一六〇三）に大久保石見守長安《おおくぼいわみのかみながやす》（「ちょうあん」とも）が財政会計の職に就いたのがはじまりであるが、当時は勘定奉行とは呼ばれず、元禄年間になって初めて勘定奉行の名称がつけられた。

享保七年（一七二二）に「勝手方」と「公事方」に分けられ、以後、天領の訴訟は公事方の仕事となった。

公事方の二名は役宅で訴訟を取り扱い、評定所にも出勤しなくてはならないことがあったので、かなり忙しかった。そのため、慶応二年（一八六六）からのちは、執務場所を評定所に移した。

「勘定奉行」の名称から、現在の**大蔵省**のような仕事を想定してしまうが、それは「勝手方」の仕事であり、「公事方」の仕事は**裁判所**のそれであったから、公事方の勘定奉行は、現代でなら**最高裁判所長官**であり、自ら評定所での裁判に出頭した。

勘定奉行を務めた人物としては、幕末の川路聖謨《かわじとしあきら》がよく知られている。川路はペリー来航に際して開国を唱え、ロシアとの交渉に関しては、自らプチャーチンと交渉にあたり、その人格を褒められている。

これほどの人物が出ることからも、勘定奉行の役柄の重要さがわかる。

道中奉行の役割

道中奉行は五街道（東海道・中山道・甲州街道・奥州街道・日光街道）および付属街道（中原街道・川越街道・鎌倉街道・大山街道・水戸街道・日光例幣使街

道・秩父往還など）における宿場駅の取り締まり（訴訟も含む）、助郷（街道管理のための夫役）の監督、道路・橋梁など道中関係の全般を担当していた。

当時は、道は舗装されていないし、橋なども大水があればよく流されたから、現在の国土交通省と比べても大変な仕事だったと思われる。

大目付兼帯一名の役だが、勘定奉行も兼帯して、二名となっていた時期もある。大目付・勘定奉行の兼帯であることからわかるように、旗本が就く役職だった。

役料は、享保八年（一七二三）から年に三〇〇〇石、文化二年（一八〇五）以後は、年に金二〇〇両。

しかし土木工事に明け暮れることを考えれば、いくらあっても足りなかっただろう。

寛永九年（一六三二）に水野《みずの》河内守《かわちのかみ》守信《もりのぶ》ら四名が任命されたのがはじまりだが、一般的には万治二年（一六五九）に大目付の高木《たかぎ》善七郎《ぜんしちろう》守久《もりひさ》が兼任で就任したのがはじまりとされる。

三奉行とは

江戸町奉行・寺社奉行・勘定奉行を合わせて、俗に「三奉行」といい、江戸幕府の民政のなかで最も重要な役職とされる。

江戸町奉行が江戸府内、寺社奉行が寺社領、勘定奉行が幕府領（天領）を管掌する。

この三奉行の管轄で、互いに関係する事件は、評定所で審議された。国政に関わるような大事件では、老中が出席したが、通常は目付が陪席し、勘定奉行が最高責任者となって審議が行なわれた。

現代でいえば、老中まで出席するのが**最高裁大法廷**の取り扱い事件で、老中の出席しない事件が**最高裁小法廷**の取り扱い事件ということになりそうである。

この三奉行八人で江戸の民政を司っていたわけだから、江戸幕府はまさに「小さい政府」を実践していたのだ。

第五章

有名奉行・火付盗賊改長官と江戸の事件簿

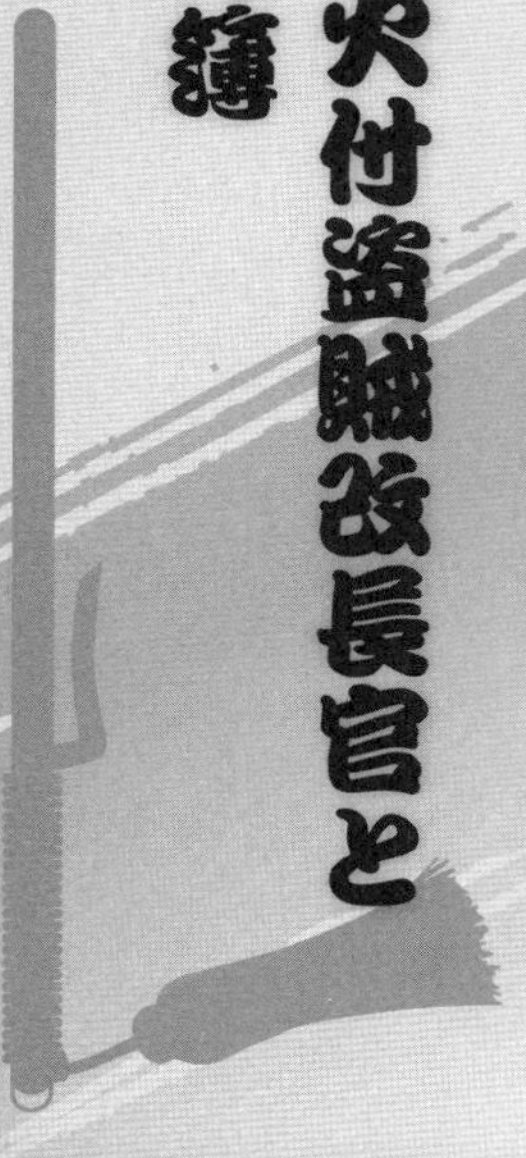

名裁き・大岡越前守忠相《おおおかえちぜんのかみただすけ》

歴代の町奉行のなかで、最も有名な町奉行といえば、大岡越前守忠相だろう。町奉行時代の裁判の見事さや、江戸の市中行政で並はずれた手腕を発揮して広く知名度のあった忠相は、庶民の間で「名奉行」「人情味にあふれる庶民の味方」として認識された。

庶民の創作文化の興隆期であったことも重なり、忠相の没後から、講釈師によって「大岡政談」が書かれ、写本や講談などの形で人々に広がった。「徳川天一坊《てんいちぼう》」「後藤半四郎《ごとうはんしろう》」「縛られ地蔵」「煙草屋喜八《たばこやきはち》」「越後伝吉《えちごでんきち》」「畔倉重《あぜくらじゅう》四郎《しろう》」「村井長庵《むらいちょうあん》」「小間物屋彦兵衛」などの作品が有名で、日本におけるサスペンス・ミステリーの先駆といえるのではないだろうか。

これらのなかには忠相の取り扱っていない話もあるのだが、その後も幕末から明治にかけて発展し、歌舞伎などの素材にも使われ、大衆に親しまれた。

しかし、実は忠相が最も手腕を発揮したのは行政官としてで、司法官としての業績は少ない。

白木屋お熊事件

忠相が刑事事件を裁いたなかで唯一、有名なのは、享保一二年（一七二七年）の「白木屋お熊事件」（白子屋という表記の記録もある）である。

新材木町（現在の日本橋堀留町）の材木商の白木屋庄三郎には、お熊という、美しいがわがままな娘があった。できのよい真面目な又四郎を五〇〇両の持参金付きで婿に迎えるが、質素で真面目な又四郎をお熊は気に入らない。

女中お久の手引きで、お熊は美男番頭の忠八と不倫関係になり、忠八や母のお常と共謀、下女の菊を使って邪魔な又四郎を殺そうとしたが失敗。又四郎が事件を南町奉行所に訴え出た。

忠相の下した判決内容は、お熊に対して市中引き廻しのうえ死罪。お常は遠島。忠八は市中引き廻しのうえ獄門。お菊は死罪。お久は市中引き廻しのうえ死罪。庄三郎は江戸所払い。又四郎はお咎めなし。白木屋は闕所《けっしょ》（財産没収）。

これによって、白木屋は跡形もなく消滅した。現代なら殺人未遂なので、せいぜい懲役二～三年ぐらいだろう。主人に命じられただけのお菊は、執行猶予がつくかもしれない。

厳しすぎるともいえる〝お裁き〟だが、弱きを助け強きをくじくといった忠相の姿勢が庶民に愛された理由なのだろう。

町火消「いろは四八組」の設立

市政においては、町代《ちょうだい》（町年寄《まちどしより》や町名主《まちなぬし》を補佐した町役人）の廃止や町名主の減員など、町政改革も行なう一方、木造家屋の過密地域である町人域の防火体制再編のため、享保三年に町火消し組合を創設して防火負担の軽減を図った。

享保五年には、町火消の組織を「いろは四八組」の小組に再編成した。「四八組」といっても実際には「へ・ら・ひ・ん」の四組はなく、代わりに「百・千・万・本」の四組を置いた。「へ・ら・ひ・ん」組がない理由は「へ」は「屁」に、「ら」は「裸」（火災で丸裸になる人間が多かった）、「ひ」は「火」に通じるからである。「ん」は、もちろん発音が難しいからだ。

また、本所・深川地区は一～一六組の一六組編成とした。この組織は現代の東京消防庁の組織編成と大差なく、忠相の先見の明、洞察力の卓抜さを痛感させられる。

い組の纏

瓦葺屋根や土蔵など、防火建築の奨励、火除地の設定、火の見制度の確立などを実行した。

ちなみに最初の「い組」の纏《まとい》は、芥《け》子《し》（鎧の包み革に打つ留鋲のこと）に桝《ます》を組み合わせたデザインだが、「消します」に引っかけており、大岡忠相が考案した。このあたりも忠相の庶民人気に影響しているだろう。

火災発生時には、風上・風脇の左右各二町に最低三〇人以上の火消し人夫を出させるなどの革新的な政策は、一部の町名主の反発を招いたものの、江戸の防火体制は、格段に強化された。

ただ一つの手落ちは、町火消「いろ

は四八組」の管轄内に吉原を入れなかったことである。そのため、吉原から出火しても、半鐘も鳴らないし、町火消も出動しない。だから吉原から出火すると、たいてい大火事になって全焼した。

米会所《こめかいしょ》の設置と公定価格の設定

さらに大岡忠相は、吉宗が発案した米価対策で、米会所の設置や公定価格の徹底指導を、現場で主導した。

米会所は、世界初の「穀物の先物取引所」で、米の所有権を証明する米切手を売買し、現物取引である正米取引と、先物取引である帳合米取引を行なった。

後者の場合は、「敷銀」という証拠金を積むだけで差額決済による先物取引を可能とし、現代の基本的な先物市場のしくみを備えていた。

また、物価対策では株仲間の公認など組合政策を指導し、貨幣政策においては、流通量の拡大を進言した。株仲間とは、同業問屋による私的カルテルのことで、冥加金《みょうがきん》（上納金）を納める代わりに販売権の独占などの特権を認めた。

このあたりの施策もまた、忠相の並はずれた発想力を如実に物語っており、忠相は現代でいうなら**日銀総裁**のような役割まで引き受けていたわけである。

江戸時代のみならず、日本史全体を見渡しても、不世出の敏腕政治家の一人に数えられるスーパーマンだろう。

町奉行から大名となった人物は、江戸時代を通じて忠相一人だけであり、極めて異例である。しかし、忠相の手腕と功績を考えれば、当然の抜擢人事といえる。

ご存知、遠山の金さん・遠山《とおやま》左衛《さえ》門尉《もんのじょう》景元《かげもと》

大岡越前と並んで有名なのが、〝遠山の金さん〟こと遠山左衛門尉景元である。

青年期は複雑な家庭環境から家を出て、町屋《まちや》（町奉行の支配下にある、商家を中心とした町人の居住地域）で放蕩生活を送る。

この「複雑な家庭環境」というのが、非常にややこしい。次ページに関係系図を載せるが、それでもなおわかりにくい。

父親の遠山景晋《かげみち》は祖父の景好《かげよし》の実子ではなく、養子である。その景好もまた先代の景信《かげのぶ》の養子という、極めて子どもに恵まれない家系だった（＝は実子でなく

養子であったことを示す）。

景信＝景好―＝景晋―景元
　　　　　｜
　　　　　景善《かげよし》―（男子・夭折）
　　　　　　　｜
　　　　　　　景寿《かげひさ》

景好になかなか子どもが生まれなかったため、景晋を養子に迎えた（子どもがいない状態で当主が亡くなると、御家断絶に処されるため）。ところが、そのあとで景好に実子の景善が生まれた。

そこで景好は当然のことながら実子の景善にあとを継がせたいと考えるようになり、自分が死ぬまで、景晋に出仕（幕府の役職に就くこと）を許さなかった。

やがて景好が亡くなり、幕府への届け出どおり、景晋があとを継ぐ。しかし、景晋は律儀な性格の人間だったので、景善のほうが実子なのだから、景善の血統に家を戻すべきだ、と考え、景元が生まれたときに出生届を一年遅らせて、義弟の景善を先に自分の養子として、幕府に届け出た。

この時点で、すでに景善には男の子がいたが、この子は、あいにく早死にしてしまった。そこで、景善は、義兄の子どもである景元を自分の養子に迎えた。ところがこのあと、景善にはもう一人、次男の景寿が生まれる。

ここで景善は、景寿の存在でわけのわからない御家騒動事態になるのを避けるため、景寿を他家に養子に出してしまう。

放蕩時代に刺青？

さて、景晋は表面的にはお家のなかをまとめるために景善を自分の養子にして景善を立てたのだが、気持ちとしては、先代の景好がそうであったように、景元にあとを継がせたい、と考えた。そこで、自分がそうされたように、景善の出仕をなかなか許さなかった。

そこで景元は、あまりに微妙な家の事情を考え、自分は駄目人間であることをアピールして義父の景善に早く景晋が家督を譲るようにうながすため、家出した。つまり、景元の家出は「叔父に家を継がせるため」だった（このときに刺青も彫った）。

ところが、景晋よりも先に景善が亡くなったので、景元は家出を続けて駄目人間であり続ける理由がなくなり、家に戻ったのである。

景元の桜吹雪の刺青のエピソードは、放蕩していた当時に由来するわけである。刺青の模様は、一般に時代劇では桜吹雪とされているが、一説には女の生首であったとも伝えられる。実は入墨はしていないという説もある。

いずれにせよ、景元はどんなに暑い日でも人前では決して肌を見せなかった。つまり、お白洲で片肌を脱いで刺青を見せるなどということはなかったのだ。

ライバルとの攻防

第一二代将軍の家慶《いえよし》時代、老中・水野越前守忠邦《みずのえちぜんのかみただくに》が行なった天保の改革に際しては、南町奉行の矢部駿河守定謙《やべするがのかみさだのり》と一緒に、水野忠邦や鳥居甲斐守忠耀《とりいかいのかみただてる》（通称は、鳥居耀蔵《ようぞう》）と対立しながらも、さまざまな政策を実施するが、鳥居耀蔵の策謀（冤罪デッチ上げ）により、まず矢部定謙が罷免される。

鳥居耀蔵が南町奉行となると、遠山景元は一人で水野、鳥居と対立し、水野忠邦が鳥居耀蔵の進言を受けて芝居小屋を廃止しようとした際、景元はこれに反対して、浅草猿若町への小屋移転だけに留めた。

天保の改革とは、端的にいえば幕府の赤字財政を立て直すために、支出の大幅削減を行なおうとした（のちの田沼意次《おきつぐ》の場合は収入を増やそうとした）ことで、水野忠邦は「そもそも支出の増大の根源は贅沢にある」と短絡的に決めつけ、ちょっとでも贅沢に思われるものに対しては徹底弾圧を行なった。その手先になったのが鳥居耀蔵である。

最大の被害を受けたのが歌舞伎界と文壇で、たとえば歌舞伎界では七代目の市川団十郎が江戸所払いになった。鳥居耀蔵は団十郎を南町奉行所に呼び出して取り調べたが、有罪の証拠が見つからない。

そこで手を回して証拠を捏造《ねつぞう》し、江戸追放に処した。基本的に鳥居耀蔵の場合は、まず最初に〝結論ありき〟で、追放とか闕所とか死罪とか決めておき、何がなんでも強引にそこへもっていく。

証拠がなければ捏造する。些細な瑕疵《かし》を針小棒大に膨らませて、水野忠邦に吹き込む。ターゲットと定めた者の身近に手の者を潜り込ませて証拠を捏造したり密告させるなどは、鳥居耀蔵が最も得意とする手法だった。ＣＩＡとかＫＧＢの実行したスパイ戦を江戸時代にやってのけたのである。

歌舞伎界に関しても、遠山景元は陰に陽にはたらいて、できるだけ害が大きく広がらないように努めた。

「遠山の金さん」登場

しかし天保一四年（一八四三）、遠山景元はついに鳥居耀蔵の策略（瑕疵《かし》の針小棒大誇張作戦）にはまる。北町奉行を罷免され、大目付に〝抜擢〟されたのだ。表向き、地位は上がったのだが、実質的には、時代に逆行する天保の改革の流れを阻止できない閑職に追いやられた。

その二年後、遠山景元は暇な大目付時代に鳥居耀蔵の証拠捏造など不正の証拠を集め、その結果、鳥居は失脚。景元は南町奉行として返り咲いて天保の改革を潰すことに尽力する。

同一人物が大目付を経由して南北両方の町奉行を務めたのは、かなり異例で、遠山景元と、池田《いけだ》播磨守《はりまのかみ》頼方《よりかた》と跡部《あとべ》能登守《のとのかみ》良弼《よしすけ》の三人しかいない。

町奉行は出世コースで、敏腕の者は、寺社奉行、勘定奉行、大目付などの幕閣の要職に異動したからで、大目付になってから町奉行職に戻るのは格下げだからである。

しかし、それだけ遠山景元は、江戸文化の弾圧による衰退を憂慮したのである。

こうした一連の動きの結果、遠山景元の終始一貫した行動に感謝した関係者が、御礼の意味で「遠山の金さん」ものを上演する、という流れにつながっていく。

遠山景元は、その後、水野忠邦のあとを受けて老中首座となった阿部伊勢守正弘《あべいせのかみまさひろ》からも重用された。

嘉永五年（一八五二）に隠居すると、剃髪して帰雲《きうん》と号し、その三年後に六三歳で死去。戒名は帰雲院殿松遷日享大居士《きうんいんでんしょうせんにっきょうだいこじ》で、本郷の本妙寺が墓所である。

屋敷跡は現在の墨田区菊川三丁目の、都営新宿線の菊川駅のすぐ北側で、これがなんと、火付盗賊改の長官として有名な長谷川平蔵《はせがわへいぞう》の拝領屋敷だった。このあたりも、不思議な因果を感じさせる。

江戸の妖怪・鳥居《とりい》甲斐守《かいのかみ》忠耀《ただてる》

遠山景元のライバルで〝江戸の妖怪〟の異名を取った鳥居耀蔵《ようぞう》こと鳥居甲斐守忠耀にも触れなければならない。

水野忠邦の天保の改革の際、目付や南町奉行として江戸市中の取り締まりを実行し、渋川六蔵敬直《しぶかわろくぞうひろなお》、後藤三右衛門光亨《ごとうさんえもんみつゆき》と共に、**水野の三羽烏**と呼ばれる（三人とも水野忠邦の失脚と同時に終身禁固や死刑に処されている）。

天保九年に江戸湾の測量を巡って、伊豆韮山《にらやま》代官で洋学者の江川太郎左衛門英竜《えがわたろうざえもんひでたつ》と対立したことと、ちょうど中国で阿片戦争が起きて中国がイギリスに香港を奪い取られたことから、洋学者を欧米列強の手先として嫌悪するようになり、翌年の**蛮社の獄**で渡辺崋山《わたなべかざん》や高野長英《たかのちょうえい》ら洋学者を弾圧する。

この蛮社の獄も鳥居耀蔵の手になる証拠捏造事件で、渡辺崋山も高野長英も有能な人材であったにもかかわらず、死に追い込まれた。

このように、天保の改革における鳥居忠耀の取り締まりは非常に厳しく、囮《おとり》捜査や証拠捏造を常套手段とするなどの権謀術策を駆使したことから〝蝮《まむし》の耀蔵〟と渾名《あだな》され、さらには〝耀・甲斐＝妖怪〟と忌み嫌われた。

二三年間の軟禁

天保の改革の末期に、水野忠邦が上知令《あげちれい》の発布を計画した。

上知令とは、江戸一〇里四方は、幕府直轄領、大名領、旗本領が入り組んでいたが、大名、旗本には一〇里四方内の領地を幕府に返上させ、代替地として本領付近の一〇里四方外の土地を幕府から支給するという命令である。

これが諸大名・旗本の猛反発を買った際に、鳥居忠耀は反対派の老中・土井大《どいおお》炊頭利位《いのかみとしつら》に寝返り、機密資料を残らず土井利位に横流しした。このことが原因で天保の改革は頓挫、水野忠邦は老中辞任に追い込まれるが、鳥居忠耀は従来の地位を保った。

ところが、外交問題の紛糾から、半年後の弘化元年（一八四四）に水野忠邦が再び老中として幕政を家慶《いえよし》から委ねられたことで状況は一変、水野は裏切り者の鳥居忠耀を許さず、職務怠慢と不正を理由に解任、全財産没収のうえで讃岐国丸亀藩にお預けとなった。

以降、鳥居忠耀は明治維新の恩赦で放免されるまで、二三年間も軟禁状態に置かれることになった。鳥居忠耀を取り上げた小説としては平岩弓枝《ひらいわゆみえ》『妖怪』や山田風太郎『東京南町奉行』『忍者黒白草紙』などがある。

墓所は駒込の吉祥寺で、戒名は青竜院殿法雲大輪居士《せいりゅういんでんほううんだいりんこじ》。

幕末のキレ者・小栗上野介忠順《おぐりこうずけのすけただまさ》

忠順が南町奉行だった期間はたったの三カ月強だが、江戸が平和だった時代とはまったく比較にならない。薩摩と長州が露骨に倒幕の動きを見せ始め、京では、人斬り新兵衛《しんべえ》こと薩摩藩の田中新兵衛が幕府方の要人や志士を暗殺しまくっていた。

また、薩摩藩主の実父の島津久光《しまづひさみつ》が江戸にやって来て生麦《なまむぎ》事件を起こす、長州藩は江戸に桂小五郎《かつらこごろう》（のちの木戸孝允《きどたかよし》）を送り込んでくる、おまけに麻疹《はしか》が大流行するなど、騒然としていた。

従来の南北両町奉行と火付盗賊改の体制では、どうにも江戸市中の治安を維持できないほどの状況になり、小栗忠順のような有能な人間は、あっちからもこっちからも引っ張りだことなって、部署を転々とすることになった。

要するに、社会情勢全体が、もう町奉行や火付盗賊改の時代ではなくなっていたのである。

埋蔵金伝説

小栗忠順ほど、生涯で複雑な人事異動をした人物も希有だろう。

安政六年（一八五九）に目付（豊後守となる）。万延元年（一八六〇）に目付から外国奉行に異動。さらに江戸南町奉行に異動して勘定奉行を兼務。その後、歩兵奉行に異動し、勘定奉行勝手方と講武所御用取扱を兼務と変転した。

文久三年（一八六三）には勘定奉行勝手方、歩兵奉行、講武所御用取扱を辞し、陸軍奉行並に就任。が、ほどなく陸軍奉行並を辞し、勤仕並寄合に就く（ここで豊後守から上野介となる）。

元治元年（一八六四）には勘定奉行勝手方に就くも、半年弱で軍艦奉行に異動。元治二年（慶応元年）には軍艦奉行を辞し、勘定奉行勝手方に就く。慶応二年（一八六六）には海軍奉行並を兼務し、慶応三年には陸軍奉行並を兼務といった調子である。

勘定奉行勝手方とは、現代でいうなら**財務大臣**と**日銀総裁**を兼務しているような役職で、歩兵奉行、陸軍奉行、海軍奉行も歴任したとなると、**防衛大臣**と**自衛隊の統合幕僚長**を兼務していたような感じとなる。

いわゆる「文武両道」とは少し違うが、とにかく小栗忠順がいかに有能だったか、どれほど幕府の人材が貧弱だったかの証明といえるだろう。

これだけ頻繁に人事異動したのは、小栗忠順が間違いなく、江戸時代が生んだ天才の一人だという証左である。

あまりに頭が切れるがゆえに、小栗忠順の目には周囲がすべて愚鈍に見え、世情の急変への焦りから、遠慮会釈もなく怠慢を指摘して怒鳴りつけ、辟易《へきえき》と敬遠されて、ほかに異動させられた。

が、結局、後任があまりに頼りないために呼び戻され、だが辛辣な性格は治っておらず、また他部署に異動……という展開を、幕府が倒れる最後の最後まで繰り返した。

幕府が倒れたあとは、忠順が天才的な頭脳の持ち主であったことと、幕府において主戦派であったことから、幕府再興を期して、多額の軍資金を領地の上野国群馬郡権田村（現在の群馬県高崎市倉渕町権田）付近に隠したという埋蔵金伝説が生まれた。しかし、これにはまったく根拠がない。

本当の江戸の三大改革

さて、吉宗と忠相の主導によって先例格式に捉われない斬新な改革が遂行された享保の改革は、寛政の改革や天保の改革と並んで**江戸の三大改革**の一つと呼ばれているが、後者二つの改革に関しては、極めておかしい。

松平越中守定信《まつだいらえっちゅうのかみさだのぶ》主導の寛政の改革や、水野越前守忠邦主導の天保の改革は、さしたる成果も挙げ得ずに終わった。むしろ吉宗の孫の家治の将軍時代に側用人、老中として辣腕を振るった田沼主殿頭意次《たぬまとのものかみおきつぐ》の経済政策のほうが、よほど実績を残している。

意次は、天明の大飢饉に祟られたことに加え、政敵の松平定信によって意図的に葬られて〝賄賂政治家〟の汚名を着せられたが、私論としては江戸の三大改革から寛政と天保の改革を外して、意次が遂行した明和・天明の改革と小栗忠順の遂行した文久・慶応の改革こそが加えられるべきと考える。

火《ひ》付《つけ》盗賊《とうぞく》改《あらため》方頭《かたかしら》〝鬼平〟こと長谷川《はせがわ》平蔵《へいぞう》宣以《のぶため》

ここからは、泣く子も黙る火付盗賊改方頭（長官）を紹介しよう。

まずは『鬼平犯科帳』で有名になった長谷川《はせがわ》平蔵《へいぞう》父子だ。

初代の長谷川平蔵は、長谷川備中守《びっちゅうのかみ》宣雄《のぶお》で、明和八年（一七七一）の一〇月一七日に、火付盗賊改方頭に任じられ、翌年の一〇月一五日に京都西町奉行に栄転した（この時点で備中守に任じられる。それ以前は平蔵）。安永二年（一七七三）に没した。戒名は、泰雲院殿《たいうんいんでん》朝散大夫《ちょうさんたゆう》前備中守《さきのびっちゅうのかみ》夏山《かざん》日晴《にっせい》大居士。

この息子が長谷川平蔵宣以《のぶため》で、いわゆる〝鬼平〟である。天明七年（一七八七）九月一九日に先手弓頭（戦時に将軍の直属部隊の先陣を務める弓隊の隊長）から、火付盗賊改方頭に任ぜられた。

平蔵は寛政の改革において、無宿人や浮浪者取り締まりのための人足寄場の建設を創案し、石川島に人足寄場を設立するなどの功績を挙げたものの、緊縮財政をモットーとする松平定信の受けは悪かった。

人足寄場運営のために予算の増額を訴えたものの、受け入れられず、やむなく平蔵は、幕府からの預かり金を銭相場に投じる〝目的外使用〟の方法で資金を得るという非常手段を採用した。そのため、父のように出世することができずに終わった。

寛政元年（一七八九）四月に、関八州を荒らし回っていた神稲小僧《しんとう》こと、大盗賊の神稲徳次郎一味を一網打尽にしたことで、勇名を天下に響き渡らせることになった。

その後、葵小僧《あおいこぞう》事件が長谷川平蔵宣以を有名にした。寛政三年（一七九一）、葵小僧は、徳川家の葵の御紋をつけた提灯を手下に掲げさせ、槍を立て、挟箱《はさみばこ》まで持たせて、大名行列のような装いで富豪の商家に連続押込強盗を行なった。葵小僧自身は駕籠の中から指揮を執るという不敵さだった。

押込先の婦女を必ず強姦する凶悪な手口で江戸市中を荒らし回ったが、長谷川平蔵の手に掛かって、板橋宿で捕えられた。

普通の取り調べならば被害者からも供述を取って処断するところだが、強姦された被害者があまりに大勢で、現代風にいうなら〝**セカンド・レイプ**〟の苦痛を与えることを平蔵が懸念し、専断により捕縛後わずか一〇日で獄門に処してしまった（三日という説もある）。そのため、葵小僧の実名さえも不明のままに終わった。

このあたりも、平蔵の人間的な器の大きさを感じさせる。平蔵が取り扱った事件は、幕府が作った『御仕置例類集』四巻に事細かに記録されているのだが、それにも、葵小僧事件は残っていない。平蔵は記録を残さないことに徹したのである。

寛政七年（一七九五）に八年間務めた御役を自ら辞任し、その三カ月後の五月一九日に五二歳で死去する。戒名は海雲院殿光遠日耀《かいうんいんでんこうえんにちよう》居士。

長谷川家で火付盗賊改に任じられたのは、この二名だけである。息子の平蔵宣《のぶ》義《のり》は父親と同じく先手弓頭に任じられ、孫の平蔵宣昭《のぶあき》も船手に任じられ、新島や三宅島への流人船を担当した。だが、ついに火付盗賊改に任じられることはなかった。ちなみに平蔵宣昭は、小納戸《こなんど》時代に遠山景元と朋輩になっている。

小納戸は、常に将軍の間近にいて、小姓の下働きとして食事を運んだり、居室の掃除、手水《ちょうず》の世話、時鐘の時刻や、老中と若年寄の登城を報せるといった、こまごまとした御用を務めた。五〇〇石高の役職で、それプラス三〇〇俵のお役料が上乗せされたので、八〇〇石の中流旗本並みの暮らしができた。

景元がのちに長谷川家の拝領屋敷に住むことになるのは、このときの縁だろうか。

〝鬼勘解由〟中山勘解由直守《かげゆなおもり》

小説『鬼平犯科帳』のヒット以前は、火盗改方頭（長官）といえば、直守を指したくらい有名だった。

初期の火付盗賊改方頭（まだ役職名としては定着していなかった）で、大身旗本の中山勘解由直定《なおさだ》の嫡男として生まれた。直定の代に上総《かずさ》、下総《しもうさ》、武蔵《むさし》三国に三〇〇〇石となり、直守の代に、さらに五〇〇〇石の加増を受けた。

寛文三年（一六六三）に先手筒頭（戦時に将軍直属部隊の先陣を務める鉄砲隊の隊長）となり、天和三年（一六八三）一月二三日に盗賊改方頭に任じられ、〝鬼勘解由〟と渾名され、恐れられた。同日に嫡子の直房も火付改方頭に任ぜられた。

のちに直房が直守の家督を継いで、やはり勘解由と称したことから、父子揃って〝鬼勘解由〟と渾名された。

火付改方頭の直房は、八百屋お七を捕縛したことで知られる。捕縛したのは直守だという記録もあり、このあたりは錯綜していて定かでない。定かでない理由だが、火付盗賊改は無骨な武官だったので事務処理が苦手で、捕縛したあとの取り調べは町奉行所に任せて記録を残さなかった者も多い。つまり、長谷川平蔵のようにマメに記録を残したほうが例外的な存在なのだ。

貞享元年（一六八四）一二月三日に、直守は兼務していた先手筒頭から大目付となり、丹波守に任じられたので、息子の直房が勘解由を称したのは、これ以降となる。

〝鬼勘解由〟と渾名されるようになった由来であるが、凶賊・鶉権兵衛《うずらごんべえ》を責め落として自白に追い込むために、海老責の拷問法を考案したことによる。

海老責とは、胡座《あぐら》をかかせた状態で両手を背中に回して縛り上げ、両足首を結んだ縄を首に回して前に絞り上げる拷問法である。

全身の血行が停滞し、同時に箒尻（割った竹を麻糸で強固に補強した棒）による打撃が加えられると、深刻な裂傷を負う可能性があった。

歴代の火付盗賊改のなかでは、直守が出世頭である。

大目付は、旗本の役職のなかでも江戸城留守居役や御三卿の家老職に準ずる最高位とされ、旗本でありながら大名を監視する職務上、在任中は万石級の格式を与えられることから、通常、町奉行や勘定奉行を経なければ登庸されなかった。

直守の墓所は、能仁寺（現在の飯能市飯能一三二九番地）にあって、戒名は無《む》得院殿鋲顔良関大居士《とくいんでんてつがんりょうかん》。貞享四年に五五歳で死去。

雲霧のライバル・安部式部信旨《あべしきぶのぶむね》

一〇〇〇石の先手筒頭で、宝永五年（一七〇八）四月五日～宝永六年二月二〇日と享保二年（一七一七）一月二八日～享保九年二月二四日（同日、死去により解任）の、二度にわたって火付盗賊改方頭に任じられている。

雲霧仁左衛門《くもきりにざえもん》の捕縛者として有名。雲霧仁左衛門は講釈などに登場する江戸時代の盗賊で、雲霧五人男の頭目であり、手下に因果小僧六之助《いんがこぞうろくのすけ》、素走り熊五郎《すばしくまごろう》、木鼠吉五郎《きねずみきちごろう》、おさらば伝次《でんじ》がいる。享保年間に関八州を荒らし回ったとされ、のちの天保時代になって、「大岡政談」の一つとして講談に取り入れられた。池波正太郎が「週刊新潮」に連載した『雲霧仁左衛門』のなかで、仁左衛門と式部の知恵比べを描いたことで有名になったが、江戸時代の犯罪記録のなかに、雲霧仁左衛門の名前は残っていない。

安部式部の在任中の取り扱い事件としては、享保七年三月に盗賊九人を捕縛し、打ち首、新刀様《ためし》斬りに処している。また、同年九月には、友右衛門なる者を頭とする盗賊五人を捕縛し、獄門に処している。

この後者が、頭目の名前の類似性と、獄門になった人数から、雲霧仁左衛門のモデルと考えられる。

墓所は長谷川平蔵と同じく四谷の戒行寺で、戒名は賢良院孝運浄忠居士《けんりょういんこううんじょうちゅうこじ》。

草賊追捕《そうぞくついぶ》・服部中保正《はっとりかなめやすまさ》

中山勘解由よりもさらに前の草創期の火付盗賊改方頭（まだ、この名称が生まれていない時代で、さまざまな呼称があった）に、一五五〇石の使番から慶長一六年（一六一一）八月三日に任じられた。役職名称は前身の「草賊追捕《そうぞくついぶ》」である。服部半蔵正就《はっとりはんぞうまさなり》（〝槍の半蔵〟として知られた服部半蔵正成《まさなり》の嫡男）が不肖の二代目で、伊賀組同心たちを私兵のようにこき使ったことから、慶長九年に伊賀組同心は正就の罷免と待遇改善を訴えて四谷の長善寺に立て籠もる、というストライキを起こした。

この前代未聞の忍者ストライキ事件に対して、幕府は伊賀組同心を大久保甚《おおくぼじん》右衛門忠直《えもんただなお》、久永源兵衛重勝《ひさながげんべえしげかつ》、加藤勘右衛門正次《かとうかんえもんまさつぐ》、それと服部保正の旗本四名に分割所属とし、首謀者一〇名は処罰する裁断を下した。これが服部保正の名前が有名になった最初の事件である。

また、久永重勝も服部保正と同時に草賊追捕に任じられている（久永重勝は三二〇〇石の弓頭）。

常陸、上野、下野などの国々（現在の茨城・栃木・群馬の三県）に野盗が出没したので、服部保正と久永重勝は支配下に置いた伊賀組同心を率いて出撃、山野を探索して数十人の野盗を惨殺、捕縛した賊九三名も余さず梟首《きょうしゅ》（晒し首）し、獄門とした。

おそらく、火付盗賊改の取り扱った事件の広域性および盗賊の殺害数が最も多いのが、服部保正および久永重勝かと思われる。

江戸時代の事件録

江戸時代には、さまざまな事件が起きている。ここからは、町奉行所が解決した事件、火付盗賊改が解決した事件など、主な事件の経緯と、誰がどのように解決したのかを紹介していくことにしよう。

江戸時代の**警察機構**がどのように機能していたかを垣間見ることができる。

将軍家に激震・天一坊事件

徳川吉宗の時代、南品川宿で源氏天一坊改行《げんじてんいちぼうかいぎょう》と名乗る山伏が吉宗の御落胤《ごらくいん》を称して浪人を集め、捕えられて獄門になった事件である。

大岡越前守忠相《おおおかえちぜんのかみただすけ》の裁判を集めた講談「大岡政談天一坊」に収録されており、大岡越前の名裁きの、いわゆる「天一坊もの」として、映画や小説の題材になっている。しかし、実際には大岡越前は、天一坊事件には関係していない。

事件の発端は、享保一三年（一七二八）夏、浪人の本多儀左衛門《ほんだぎざえもん》が関東郡代の伊奈半左衛門忠逵《いなはんざえもんただみち》の郡代屋敷（現在の東京都中央区日本橋馬喰町二丁目付近）を訪ねて、訴え出たことに始まる。

「南品川宿（品川宿の内、目黒川よりも南側）に、常楽院《じょうらくいん》という山伏の庵があるが、この常楽院に将軍の血筋で天一坊なる山伏がいて、近々大名にお取り立てになると称し、大勢の浪人を召し抱えて胡乱《うろん》な動きをしている」というのが訴えの趣旨である。

品川宿は高輪の大木戸よりも外側なので、当時は町奉行の支配下になかったから、関東郡代に訴え出たわけである（ほかに大木戸は、甲州街道の四谷、中山道の板橋、日光街道の千住、それに本所と深川にあった）。

伊奈忠逵は極めて不審なことであるとして、常楽院を差配する名主と地主を呼びつけ、尋問した。

取り調べの結果、常楽院で浪人を集めている山伏の姓名は源氏天一坊改行で、和歌山の生まれで吉宗の御落胤を称している事実が判明した。

伊奈忠逵は上司である勘定奉行の稲生下野守正武《いのうしもつけのかみまさたけ》に報告して、指図を仰いだ。

江戸時代一の詐欺事件の顛末

さて、天一坊に関する報告は、時の老中・酒井讃岐守忠音《さかいさぬきのかみただおと》を通じて吉宗に上げられた。吉宗は報告に関して「身に覚えがある」と答えたらしい。

吉宗は、力士と相撲をとっても勝てるほど身体強健で、性格も剛毅。和歌山藩の部屋住み時代から、越前葛野藩《かずらの》（現在の福井県丹生郡越前町）三万石の藩主時代（当時の名前は松平頼方《まつだいらよりかた》。葛野に実際には赴いておらず、ずっと和歌山にいた）にかけて、女性関係が多々あった。

つまり、御落胤の話が真実である可能性も有り得たので、伊奈忠逵は即座に天一坊を捕縛することはせず、時間を費やして慎重に調べた。

訴人から半年以上が経った享保一四年三月に、伊奈忠逵は、天一坊と山伏の常楽院（天一坊の家老と称して、赤川大膳《あかがわだいぜん》と名乗っている）、その他の関係者を郡代屋敷へ呼びつけて、厳しく詮議した。

天一坊の口上によれば、天一坊は元禄一二年（一六九九）紀州田辺の生まれで、母が和歌山城へ奉公へ出て妊娠したので、実家へ帰されて産まれた。その後、母と一緒に江戸へ出て、母は町人と縁づいた。

母は由緒書などを持っていたが、焼失した。だが、母から「吉」の字を大切にせよと言い聞かされていた。一四歳のときに母が死に、出家して山伏となり、改行を名乗った。死んだ伯父から「いずれ御公儀からお尋ねがあるであろう」と言われた。

これらの諸事実から考えて、天一坊は「自分の素性は高いもので、紀州の生まれで『吉』の字のことも考え合わせれば、自分は公方様《くぼう》の御落胤であり、近々大名に取り立てられるに違いない、と考え、浪人たちの来るに任せた」と供述した。

そこで伊奈忠逵がさらに詳しく常楽院や浪人たちを取り調べたところ、天一坊は浪人たちに対して「自分は公方様にお目通りして、お腰の物を拝領した。御公儀から扶持を賜《たまわ》ったが、遊女町で暴れたために停止になってしまった。そのため、上野東叡山寛永寺《とうえいざんかんえいじ》の貫主様に、おとりなしを頼んでいる。寛永寺で御公儀の法事があったので、参詣して銀三〇枚を香典として差し上げた」などと語っていた事実がわかった。

もちろん、天一坊の言葉は真っ赤な偽りで、浪人を常楽院に集め「大名に取り立ての際は、おのおのに役職を与える」との口約束で詐欺をはたらいていたわけである。

そこで「天一坊は公方様の御落胤を騙《かた》り、みだりに浪人を集めた」という詐欺の嫌疑で捕えられ、四月に稲生正武から判決申し渡しがあり、四月二一日に死罪のうえ、品川で獄門となった。

天一坊の元に集まっていた常楽院や浪人一味も、遠島や江戸払いとなり、名主や地主も、監督不行届で罰を受けた。検挙の端緒の訴人をした本多儀左衛門に対しては、銀五枚の褒美が授与された。これが天一坊事件の全顛末である。

稲生正武はのちに北町奉行となるが、このときの南町奉行が大岡越前であるから「大岡政談天一坊」は、そのあたりで間違われたのかもしれない。

江戸八百八町が火の海に・八百屋お七事件

八百屋お七は下総の千葉郡萱田《かやた》（現在の八千代市）で生まれ、のちに江戸の八百屋太兵衛の養女となった。

生年は寛文六年（一六六六）の丙午《ひのえうま》とする説があり、それが丙午迷信（丙午生まれの女性は気性が激しく、夫を尻に敷いて夫の命を縮めるとされ、死後は《飛縁魔》という妖怪になる）を広げる原因となった、という説がある。

お七は天和二年（一六八二）一二月二八日の天和の大火で、お寺（駒込の円乗寺あるいは、正仙寺とする説がある）に避難した際、そこの寺小姓の生田庄之助《いくたしょうのすけ》（吉三郎《きちさぶろう》とも、山田左兵衛《やまださへえ》とも伝えられる）と恋仲となった。

翌年、お七は庄之助恋しさのあまり、再会を願って放火未遂を起こした罪で火付盗賊改方頭の中山勘解由直守《なかやまかげゆなおもり》と直房《なおふさ》父子に捕えられた。

中山父子は取り調べが面倒で、南町奉行の甲斐庄飛騨守正親《かいしょうひだのかみまさちか》に取り調べを丸投げした。実は、この年は放火が相次ぎ、中山父子に捕縛されて火刑に処された放火犯は実に五〇余人に達したほどである。

一六歳の火刑

当時、お七は、まだ一六歳になったばかりであったため、取り調べを担当した甲斐庄正親は哀れみ、なんとか命を助けようとした。当時、一五歳以下の者は罪一等を減じられて死刑にはならない、という**少年法**規定が存在したため、甲斐庄はこれを適用しようとしたのである。

当時は厳格な戸籍制度が完備されておらず、町人に対する年齢確認は、本人の申告に拠った。そこで甲斐庄正親は評定の白洲において「お七、そのほうの歳は一五であろう?」と謎を掛けた。

それに対して、お七は馬鹿正直に一六歳であると答えた。そこで甲斐庄正親は、お七が質問の意図を理解できていないのではと考え、「いや、一五に相違なかろう」と重ねて問い質《ただ》した。

ところが、お七は再度、正直に年齢を述べ、なおかつ証拠の品として、お宮参りの記録まで提出した。これでは、もはや甲斐庄正親としては定法どおりの判決を下さざるを得ず、火刑と判決したのである。

お七は甲斐庄正親による判決のあと、江戸市中引き廻しのうえ、**鈴ヶ森刑場**で三月二九日に火刑に処された。

鈴ヶ森刑場は現在の品川区南大井に存在した刑場で、日光街道入口の**小塚原刑場**、甲州街道沿いの八王子**大和田刑場**、中山道の入口の**板橋刑場**とあわせて**江戸四大刑場**といわれた。

お七の菩提寺は日蓮宗の天受山長妙寺（八千代市萱田町六四〇番地）で、お七の戒名は、妙栄禅定尼《みょうえいぜんじょうに》。

お七の処刑から三年後の貞享三年に井原西鶴がこの事件を『好色五人女』の巻四に取り上げて以降、〝純愛ドラマ〟として有名となり、鶴屋南北《つるやなんぼく》の『敵討櫓太鼓《かたきうちやぐらたいこ》』、為永太郎兵衛《ためながたろうひょうえ》の『潤色江戸紫《じゅんしょくえどむらさき》』、紀海音《きのかいおん》（榎並善右衛門《えなみぜんえもん》）の『八百屋お七』、菅専助《すがせんすけ》の『伊達娘恋緋鹿子』など、浄瑠璃・歌舞伎の題材として採用された。

芝居では、寺小姓と再会するため、火の見櫓の太鼓を叩こうとする姿が劇的に演じられる場面が有名。

跋扈《ばっこ》する大盗賊団・日本左衛門事件

日本左衛門は、徳川吉宗時代の大盗賊で、本名は浜島庄兵衛《はましましょうべえ》である。尾張藩の下級武士であった七里飛脚の子として生まれたが、若い頃から放蕩を繰り返して、勘当される。その後、二〇〇人を超える大盗賊団（一説には六〇〇人とも）の頭目となって遠江国《とおとうみのくに》を本拠とし、東海道沿線の七カ国を、押し込み強盗などで荒らし回った。

強盗スタイルだが、黒革製の兜頭巾を被り、侍大将のように床机に腰を下ろして指揮を執り、手下は高張提灯《たかはりちょうちん》で押し込み先を照らして手際よく根こそぎごっそり運び去る、というやり方だった。

その後、被害にあった地元の豪農の訴えによって、江戸からは火付盗賊改方の徳山五兵衛秀栄《とくのやまごへえひでいえ》が派遣される。

徳山秀栄が作成した手配書だが、
一、身の丈は五尺六寸ほど（約一七五センチ）
二、歳は二九歳だが、見かけは三一〜三二歳ほど
三、月代《さかやき》は濃く、引き疵《きず》が一寸五分（四・五センチ）ほど有り
四、色は白く、歯並びは普通、鼻筋が通って、面長
などと、人相書きに加えて特徴が記されていた。

逃亡した日本左衛門は安芸国の宮島で、ちゃんと引き疵まで描かれたそっくりの似顔絵の手配書を目にし、逃げきれないと観念し、京において自首した、とされる。

当時、手配書が出されるのは、親殺しや主殺しといった重罪のみで、盗賊としては日本で最初の手配書だった。

徳山秀栄が京まで出向いて身柄を受け取り江戸に移送、市中引き廻しのうえ、伝馬町の牢屋敷において斬首、遠江国見附宿（現在の静岡県磐田市）で獄門首が晒《さら》された。

ところが、見附の碑には向島で捕縛されたとあり、判決文を北町奉行の能勢肥後守頼一《のせひごのかみよりかず》が書いているので、あるいは京においての自首は誤りで、向島での捕縛が正しいのかもしれない。罪状は確認されているだけで一四件、被害金額は二六二二両だが、実際の被害額は、その数倍以上といわれている。

のちに日本駄右衛門《にほんだえもん》という役名で歌舞伎『青砥稿花紅彩画《あおとぞうしはなのにしきえ》』（通称は『白浪五人男《しろなみごにんおとこ》』で、二代目・河竹新七《かわたけしんしち》作）や、さまざまな著書などで取り上げられたために諸説が入り乱れることになる。

武家屋敷専門の盗賊・鼠小僧《ねずみこぞう》事件

鼠小僧は、文化文政期（一八〇四〜一八三〇）に、大名屋敷を専門に荒らした窃盗犯。本名は次郎吉。鼠小僧次郎吉《じろきち》として知られる。本業は鳶職であったといわれ、義賊の伝承で有名な人物。

歌舞伎小屋・中村座の便利屋稼業を勤めていた、貞次郎（定吉・定七とも伝えられる）の息子として生まれる。一〇歳前後で木具《きぐ》（檜《ひのき》の白木で製造する器具）職人の家へ奉公に上がり、一六歳で親元へ帰った。その後は鳶人足となったものの、博奕で身をもち崩し、資金稼ぎのために、盗人稼業に手を染める。

文政六年（一八二三）以降、武家屋敷の奥向に忍び込むこと二八カ所三二回におよび、文政八年に土浦藩の第九代藩主で奏者番を務めていた土屋《つちや》相模守《さがみのかみ》彦直《よしなお》の屋敷に忍び込んだところを捕縛され、南町奉行・筒井《つつい》和泉守《いずみのかみ》政憲《まさのり》の尋問を受けるが、初めて盗みに入ったと嘘をついて切り抜け、入墨を入れられて中追放の刑を受ける。

一時は上方へ姿を消し、江戸に密かに舞い戻ってからは、父親の住んでいる長屋に身を寄せる。しかし、博奕の資金欲しさに、またもや盗人稼業に舞い戻る。現代でいうところの、重症の**ギャンブル依存症**に罹《かか》っていたわけだ。

その後、七年にもわたって武家屋敷七一カ所、九〇回にわたって忍び込み、ついに天保三年（一八三二）五月五日に日本橋浜町の松平宮内少輔《まつだいらくないしょうゆう》屋敷で捕縛される。

北町奉行・榊原主計頭忠之《さかきばらかずえのかみただゆき》の尋問に対し、鼠小僧は盗んだ金銭の総額については三〇〇〇両以上と供述した。

だが、本人が記憶していない部分もあり、諸書によっても違うので、正確な金額は現代に到るもまったく不明である。

三カ月後の八月一九日に、市中引き廻しのうえ、獄門の判決が下される。この刑は、本来ならば放火や殺人などの凶悪犯に適用される刑だから、鼠小僧の場合は単なる死罪となるのが普通である。市中引き廻しのうえ、獄門の判決は武士階級の面子を潰された恨みという見方も考えられる。

派手な市中引き廻し

第二章で触れたが、江戸時代には死刑が六種類もあった。六種類とは、軽いほうから順番に、下手人・死罪・獄門・磔・火あぶり・鋸挽《のこぎりび》き（ほかに、武士の場合は切腹がある）で、鼠小僧は二番目の死罪が妥当なところである。

なお、市中引き廻し時の鼠小僧は女装して美々しい着物を身に着け、薄化粧をして口紅まで施していたという。

処刑は小塚原刑場にて行なわれた。享年三六。

当時の重罪には連座制が適用されていたが、次郎吉は勘当されているので肉親とは縁が切れており、数人いたという妻や妾《めかけ》にも捕縛直前に離縁状（離婚証明）を渡していたため、天涯孤独の身として刑を受けた。この、自らの行ないに対しあらゆる人間を巻き込まずにすませた、という点も、鼠小僧が義賊扱いされる要因の一つとなっている。

墓は、両国の回向院にあり、戒名は教覚速善居士《きょうかくそくぜんこじ》。南千住の小塚原回向院、愛媛県松山市、岐阜県各務原市などにも、鼠小僧に恩義を受けた人々が建てたと伝えられる墓がある。「鼠小僧の墓石を持っていると博奕で勝てる」という俗信から、現在では、墓石はすっかり砕かれてしまっている。

鼠小僧を取り上げた小説には『鼠小僧次郎吉』（芥川龍之介）、『鼠小僧次郎吉』（大佛次郎）、『鼠小僧次郎吉』（吉行淳之介）、『鼠小僧外伝』（菊池寛）、『鼠小僧別伝』（直木三十五）など多数ある。

これだけ同一、あるいは酷似したタイトルの作品が世に出るとは、やはり鼠小僧というのはよほど魅力的な時代劇の素材のようだ。

稲葉小僧事件

稲葉小僧の名前は、稲葉丹後守正諶《いなばたんごのかみまさのぶ》の侍医の子に生まれたものの手癖が悪くて勘当され、身をもち崩して夜盗となったことに由来する。

鼠小僧と同じく、もっぱら大名屋敷に侵入したが、ほとんど金には手をつけず、名刀と謳《うた》われる大刀や脇差ばかりを盗むという〝骨董趣味〟の盗賊だった。

寛政元年（一七八九）に、北町奉行・初鹿野河内守信興《はじかのかわちのかみのぶおき》配下の同心によって谷中で捕縛された。ところが、捕えられて引き立てられる途中、不忍池の畔の茶店の便所から縄抜けして脱走し、その後は捕縛を免れて名声を馳せた。最期は上野《こうずけ》（群馬県）で潜伏中に病死したと伝えられる。

とにかく、連行中の縄抜けの離れ業が歌舞伎の『荏柄天神利生鑑《えがらてんじんりしょうかがみ》』に仕組まれて以来、伝説的人物となり、さらに明治二〇年（一八八七）『因幡小僧雨夜《いなばこぞうあまよ》噺《ばなし》』（河竹黙阿弥作）によって義賊的性格が付与された。

稲葉小僧を取り上げた小説としては、長谷川伸『稲葉小僧新介』や雲村俊慥《くもむらしゅんぞう》『大江戸怪盗伝』などがある。金銭欲がない〝骨董フェチ〟の盗賊というのは稲葉小僧が唯一で、非常に面白い。

鶉権兵衛《うずらごんべえ》事件

鶉権兵衛は、火付盗賊改の中山勘解由直守を〝鬼勘解由〟として有名にした大盗賊団の頭目で、延宝元年（一六七三）から天和三年（一六八三）にかけて江戸市中を荒らし回った。

鶉権兵衛配下の一味は、押し込みをしやすいように、目当ての商家の風上に放火して、消火避難のどさくさに紛れて侵入し、迅速に盗みを実行して撤退したので、なかなか捕縛することができなかった。

ついに捕縛に成功した中山直守は、手下や盗賊仲間の名前と居場所を自白させようとして、笞打ち、石抱《いしだき》、釣責《つりぜめ》などの拷問を行なったが、それでも鶉権兵衛は、頑として口を割ろうとしなかった。

そこで中山直守が思いついた拷問法が海老責《えびぜめ》で、鶉権兵衛の全身を海老のように折り畳んだ状態で自白するまで放置した。海老責実験台の記念すべき第一号となった権兵衛は、ついに堪らず自白。天和三年六月一二日に鈴ヶ森の刑場で火刑に処された。

鶉権兵衛を取り上げている作品としては、池端洋介『鬼勘犯科帳初代火盗改・中山勘解由』などがある。

佐々浪伝兵衛《さざなみでんべえ》事件

佐々浪伝兵衛は十人力と謳《うた》われるほどの巨漢で、七〇人ほどの手下を率い、記録にあるだけでも一八回の放火強盗を行なっている。

捕縛したのは浅草弾左衛門《あさくさだんざえもん》配下の非人頭・品川松右衛門《しながわまつえもん》の手の者だった。

弾左衛門は江戸時代の被差別民であった穢多《えた》非人の棟梁で、幕府から水戸藩、喜連川《きつれがわ》藩、日光神領などを除く関八州と伊豆全域および甲斐都留《かいつる》郡・駿河駿東《するがすんとう》郡・陸奥白川《むつしらかわ》郡・三河設楽《みかわしたら》郡の一部の被差別民の統轄権限を与えられており、触頭《ふれがしら》と称して、全国の被差別民に号令を下す権限をも与えられていた。

彼らは南町奉行・大岡忠相の命を受けて、佐々浪伝兵衛の江戸での犯行後、東海道筋の探索を行なった。

その結果、小田原付近で発見に成功、そのまま尾行して泳がせ、箱根を越えて富士川に達して油断したところを、取り囲んだ。衆を頼んで、佐々浪伝兵衛を富士川に追い込んで取り押さえ、簀巻《すま》きにして、江戸に連れ帰った。享保五年（一七二〇）八月、大岡忠相の吟味の後、鈴ヶ森の刑場で火刑に処された。

早飛《はやとび》ノ彦《ひこ》事件

早飛ノ彦は、長谷川平蔵が捕縛した大盗賊で、一五〇人余の手下を擁して、寛政年間に暴れ回った。

早飛ノ彦の正体は臥煙《がえん》（定火消の火消人足）で、赤坂の火消屋敷で暮らしていた。

幕府は江戸城防衛のために、旗本に命じて定火消隊を江戸城の周辺に配置していたが、これが一〇カ所だったことから定火消を別名、一〇人火消とも呼んだ。定火消を命ぜられると幕府から屋敷が与えられ、これが火消屋敷である。

火消屋敷には高さ三丈（約一〇メートル）の火の見櫓と半鐘が設けられ、他の武家屋敷と格差をつけられて、一種の治外法権状態に置かれていた。博奕場となるなど、好き勝手ができたので、早飛ノ彦は博奕客を装って火消屋敷に来る手下に押し込み先の具体的指示を与えるだけで、押し込み現場には赴かなかった。

町奉行には手の出せない〝聖域〟に隠れ潜んでいたわけだが、火付盗賊改に、この手は通用しない。長谷川平蔵は密告によって早飛ノ彦の正体を知るや、躊躇なく踏み込んで、一網打尽に捕縛することに成功した。

附録

町奉行所こぼれ話

■江戸時代の大飢饉

寛永の大飢饉	寛永19年(1642)～寛永20年
延宝の飢饉	延宝2年(1674)～延宝3年
天和の飢饉	天和2年(1682)～天和3年
元禄の飢饉	元禄4年(1691)～元禄8年
享保の大飢饉	享保17年(1732)
宝暦の飢饉	宝暦3年(1753)～宝暦7年
天明の大飢饉	天明2年(1782)～天明7年
天保の大飢饉	天保4年(1833)～天保10年

町奉行所の経費

町奉行所の経費は、江戸の拡大につれて、帳簿上の金額は膨れ上がっていった。天保年間には七八〇〇両ほどであった町奉行所の経費は、幕末には二万両ほどと、約二・五倍にも膨れ上がっている（実際には**インフレ**なので実質的には減っている）。

インフレの最大原因は、江戸時代に頻繁に襲った大小の飢饉で、主なものに、上の八つの飢饉が挙げられる。

江戸時代の経済は年貢（米）を基盤に置いて成り立っていたため、ひとたび冷害や洪水などで飢饉があると、たちまちインフレが起きていた。

町奉行所全体の経費

町奉行所関係の経費を、幕末のある年の記録をもとに見てみると、「金一万五六九六両三分、永楽通宝二四九文」とある。

幕末の一両の価値は、前述のようにインフレによる変動が激しいうえに、換算法によっても変わってくるが、ここでは仮に一両＝一万円として計算すると、一億五千万円ほどになる。

これを現代の予算規模と比較してみよう。当時の町奉行の役割は、現在の**警視庁**、**裁判所**、**検察庁**、**東京消防庁**、**刑務所**関係の仕事を兼ねていたため、それらを大雑把に合計すると約三二八九億円。かつての町奉行所の仕事は、現代では二千倍の予算を使っている計算になる。

もちろん人口が違うから、ここは一人頭に直して比較すべきだろう。

幕末の江戸の人口は一三〇万人だから、一人頭の予算はわずか一一五円。

平成一九年の東京の人口は一二八〇万四八六九人。一人頭の予算はなんと二万五六八五円。

町奉行所は、現代の二〇〇分の一の予算で運営されていたことになる。

与力・同心の給与

いつの世も経費の中で最大比率を占めるものは人件費である。町奉行所の実働部隊である与力・同心の給与は、現金に換算するとどのくらいだったのだろうか。

ここでは江戸時代のインフレを念頭に置いて、現代と現金で比較してみる。

与力の給与と待遇

町奉行所の与力は、ほかの職の与力と比べ、不浄役人《ふじょうやくにん》（死人や罪人など不浄のものに接するところからの蔑称）という理由で、一番低い身分に定められていた。

二〇〇石の旗本級ではあるが、御家人の扱いであって、御目見《おめみえ》以下とされる。

給与は一二〇俵から二三〇俵程度で、現金に換算すると四〇両から八〇両ほどになる。一両が三万円ほどの価値があった天保年間でも年収一二〇万から二四〇万、一両一万円の幕末では四〇万から八〇万の薄給年収となり、いくら食費のほかにほとんど生活コストがかからない時代といっても、これでは生活できないように思われる。

しかしこれにはカラクリがあり、実際は多くの付け届けで裕福な暮らしをしていた。

八丁堀の組屋敷は冠木門で二〇〇〜三〇〇坪ほどの土地を拝領していたから、現代の感覚だと庭付き一戸建ての社宅に住んでいるようなものであり、住居費もかからなかったのである。

ここで石高と俵の関係に触れておこう。たとえば二〇〇俵というのは、玄米で二〇〇俵の現物支給を意味する。

それに対して二〇〇石は、平年作なら二〇〇石の玄米が収穫できる領地を与えられていることを意味する。二〇〇石は、一石が一〇斗で一俵が四斗であるから、二〇〇〇斗（五〇〇俵）という計算になるが、四公六民（四割が年貢で六割が耕作者のもの）なので、手にできる年貢米は四割の二〇〇俵、つまり二〇〇石

＝二〇〇俵ということになる。

ところが、これは、あくまでも**平年作なら**、というただし書きがつく。豊作なら二〇〇俵以上の収入になるし、凶作なら二〇〇俵を大幅に下回る事態もありうる。大飢饉の際の収穫は、平年の六割前後にまで落ち込んだ、という記録も残っているほどである。

そこで、冒頭に紹介した、大小八回の凶作による飢饉が、石高で俸禄が支払われる中級以上の武士の懐を直撃したということを念頭に置いて、以降の文章を読んでいってほしい。

つまり、大凶作によるインフレに加え、石高制の武士は**変動給与制**による二重の収入の乱高下に翻弄されたのである。

同心の給与と待遇

町奉行所の同心の給与は、三〇俵二人扶持が基本。現金では、わずか一〇両（江戸時代中期で月収五万、幕末なら年収たったの一〇万！）というありさまである。今なら立派なワーキング・プアだが、こちらも付け届けは、たっぷりあった。

八丁堀の組屋敷には木戸門付きの一〇〇坪ほどの家屋敷があった。だから、こちらも住環境については、恵まれていたといっていいだろう。

現在との比較

現在の警察関係者の待遇と比較してみよう。まず与力・同心が現在の警察機構の何にあたるだろうか。

現在の東京を中心とした刑事警察機構は左のようになっている。

警察庁長官――警視総監――警視監――警視長――警視正――警視――警部――
警部補――巡査部長――巡査長――巡査

いわゆる「警官」は巡査長および巡査。「刑事」は階級名ではなく、私服で捜査にあたる者の名称である。

さて、この「警官」にあたる存在は、江戸における**公式の刑事警察機構**には存在しない。

その役を果たしているのは自身番に詰めている家主《やぬし》であり、実際の捜査にあたる岡っ引きや下っ引きである。

同心が**高卒ノンキャリア**の刑事で、与力が**大卒ノンキャリア**（国家公務員Ⅰ種試験に合格せずに採用された者。俗に、**準キャリア**とも呼ぶ）と想定するとわかりやすい。ちなみに**キャリア組**は、目付にあたる。

そこで、同心を**巡査・巡査長・巡査部長**、与力を**警部**か**警部補**と仮定する。岡っ引きや下っ引きは、警察と提携関係にある**警備保障会社のガードマン**や、個人的に雇われている**情報屋**といったところか。

現在、**警部の年収**が九〇〇万円ほど、**巡査部長の年収**が五〇〇〇万円程度といわれている。天保年間で与力が現在の五分の一、同心が現在の一〇分の一。幕末では、なんと与力が現在の二〇分の一、同心に至っては五〇分の一の給料しかもらっていない。

実に悲惨な待遇に思われるが、与力で三〇〇坪、同心で一〇〇坪の社宅があり、そのうえ、多くの付け届けで裕福な暮らしができたのだから、江戸と現在とどちらが幸福かは、なんともいえない。

与力・同心への賄賂

決して豊かではないはずの与力・同心の生活だが、実際には、かなり裕福であった。その理由は「付け届け」という名の賄賂である。

与力・同心は、ごく当たり前のように付け届けをもらっており、与力の副収入ともなると、生涯トータル（三〇～四〇年）で二千～三千両にも達したという。

付け届けをもらっていない与力や同心はいなかったから、現代の感覚で見ると、**すべての警官と役人が汚職をしている暗黒時代**にも見える。しかし前述のとおり、与力・同心は、そもそも生活できるほどの給与をもらっていなかった。

また、現代の感覚では「賄賂」はとにかく悪いことだが、「手数料」「礼金」といった概念が未発達であり、給与と経費の区別も曖昧だった時代であることを忘れてはならない。

賄賂といえば、元禄赤穂事件こと『忠臣蔵』で浅野内匠頭長矩《あさのたくみのかみながのり》が吉良上野介《きらこうずけのすけ》義央《よしひさ》に賄賂を渡さなかった（ケチった）ことが刃傷の遠因となったという説がある。

しかし作法を教える側であった吉良としては、賄賂は当然の受け取るべき「謝礼」であり、それを渡さなかった（ケチってタダで教わろうとした）浅野は空気が読めないにもほどがある。非常識だと言わざるを得ない。

このような時代であったから、治安を守る同心や与力が小さなトラブルを内々に解決する（町奉行所の取り扱い事件としない）たびに、ちょっとした謝礼を受け取る（大事《おおごと》にしないでもらった、という意味も込めて）のは当然であったし、それが「定期的になにがしかの金銭や品物を渡しておいて、万一トラブルがあったときは力になってもらおう」に変化するのも、ごく自然な流れである。

ある与力家の家計

天保一一年（一八四〇）、原家の当主が与力を引退し、家督を相続するにあたって、家計の見積書を作っている（左の表）。

俸禄米は二〇〇俵だが、家族と使用人で一二〇俵を消費し、残り八〇俵を現金化している。

天保年間における一両の価値は二万円ほどだから、年収三四二万円、支出が二

収入	
俸給（米１石＝１両で換算）	80両
給地からの収入	7両
運上金、地代など	20両
諸家からの付け届け	64両
計	171両
支出	
米の消費	50両
定式支出	74両
計	124両
差引黒字	47両

四八万円で、九四万円の黒字ということになる。

意外と大したことはないと思うかもしれないが、与力の生活はぜいたくで、初鰹を互いに贈り合ったり、庭に凝ったり、書画骨董を集めたりしている。お家相続を口実に、妾《めかけ》を囲う者も少なくなかった。

ちなみに、妾の相場は、文化・文政年間（一八〇四〜一八三〇）で、安くて月一両二分といわれている（現在の金額に直すと月五万円）。

現在の感覚でいうと、セレブな生活を送ったうえに年一〇〇万円の黒字が残るのだから、優雅なものである。

町奉行の職禄と経費

町奉行になると、本来の旗本としての収入とは別に、御役両・御役高・御役金がつく。

寛文六年（一六六六）　御役高一〇〇〇俵（現在の六〇〇〇万円）
享保八年（一七二三）　御役高三〇〇〇石（現在の四五〇〇〇万円）
宝暦五年（一七五五）　御役金二〇〇〇両（現在の八〇〇〇万円）
慶応三年（一八六七）　御役金二五〇〇両（現在の六一二五万円）

と変遷している。幕末が安すぎるのはインフレと幕府の財政難のせいで、基本的には江戸の規模の拡大に伴い、増加しているといっていい。

もちろん、これだけでは足りないことが多く、たとえば天保一三年（一八四二）には臨時で七八〇〇両余が御役金とは別に支給されている。

これらはすべて必要経費であり、町奉行が個人で使うことはできない。これでも、現在の二〇〇分の一の予算規模であることは、冒頭で述べた。

では、町奉行個人の収入は、どうなっていたのだろうか。町奉行を勤めることによる加増はなかったが、二〇年以上にわたって勤務すると、五〇〇石が加増されることになっていたし、特別な加増もある。

火付盗賊改の経費

火付盗賊改方頭（俗に言う長官）の御役料は、

享保四年（一七一九）役高一五〇〇石　役料四〇人扶持（現在の二八〇〇万円）

文久三年（一八六三）役扶持一〇〇人扶持（現在の一八〇〇万円）

と変遷している。この減少が、治安の向上を意味するのか、幕府の財政難を意味するのかはわからないが、おそらく両方だろう。

鬼平こと火付盗賊改長官の長谷川平蔵が石川島の人足寄場を建設したことは有名な史実だが、その経費は当初、

米五〇〇俵　金五〇〇両（現在の四千万円）

だったが、天明の大飢饉の直後だったせいもあって、翌年からは、

米三〇〇俵　金三〇〇両（現在の二四〇〇万円）

に減らされている。

これで人足寄場を運営することはできず、平蔵は自分の金を元手に銭相場に投資し、その利益を人足寄場の運営に費やした。このことが誤解され、平蔵を「銭の亡者」のように非難する者も多数いたという。

八丁堀の七不思議

最後に、「八丁堀の七不思議」について紹介しておこう。八丁堀といえば与力・同心の組屋敷があった場所なので、七不思議にも与力・同心に関係したものが多い。

七不思議には諸説あるが、元八丁堀与力・佐久間《さくま》長敬《おさひろ》によるものが『嘉永日記抄』に残されている。

一、奥様あって殿様なし

「殿様」と呼ばれるのは御目見以上（将軍に公式の場で面会できる旗本以上の侍）なので、御家人の与力は「旦那」と呼ばれていた。これは当然である。

しかし、どういうわけか、与力の妻は「奥様」と呼ばれていた。「奥様」は御目見以上の侍の夫人の敬称だから、本来なら「御新造様《ごしんぞうさま》」と呼ばれるべきなのに、である。

これは、与力の妻が頼み事をされることが多かったことによる。与力は仕事柄、どうしても頼み事をされることが多いが、やはり与力本人には頼みづらいので、与力の妻に頼むことが多かった。

妻のほうもしっかりしたもので、それらの頼み事を、きちんとさばく。そのようなことから尊敬され、「奥様」と呼ばれるようになったようである。

二、女湯の刀架け

八丁堀の銭湯の女湯には、どういうわけか刀架けがあった。これは町奉行所与力のための刀架けである。

江戸時代、職人などが仕事に行く前に朝風呂を引っかけたり、遊郭帰りの男どもが利用したので、朝の銭湯の男湯は非常に混雑していた。

しかし、女湯は空いている。そこで銭湯としては、治安を守ってくれている八丁堀与力に便宜を図る意味で、朝は女湯に入ってもらうことにしたのである。

江戸は水事情が悪かったので、各家庭に風呂を設けることはできなかった。与力や同心は狭いながらも組屋敷があったので、自宅で入浴できたはずだが、前述のように超薄給だったので、節約のために銭湯に行った。

なお、風呂屋と銭湯を間違えてはいけない。江戸における風呂屋は、現代でいう**ソープランド**である。風呂屋には湯女《ゆな》がつきもので、湯女とは、いわゆる**ソープランド嬢**である。看板に「＊＊風呂」と掲げながら、風呂がなくて湯女の同衾のみという極端な売春宿も存在したと、記録に残っている。

三、ドブ湯

銭湯のことを「ドブ湯」と称した。元は足湯だけで、「ドンブリ入る」ことからドブ湯と呼ばれるようになったようである。

銭湯の入浴料の変遷についても触れておこう。

明和の頃まで（〜一七七一）大人六文、子ども四文

安永〜天明年間（一七七二〜八九）大人六文、子ども四文↓大人八文、子ども五文
寛政六年（一七九四〜）大人一〇文、子ども八文
文政三年（一八二〇）諸国豊作で好景気のため大人九文に値下げ
天保一〇年〜一二年（一八三九〜四一）大人、子どもとも一〇文
天保一二年末（一八四二）幕府命令で大人、子どもとも六文に強制値下げ
弘化二年（一八四五）経営が成り立たないとの湯屋同盟の請願陳情により大人八文に値上げ。子どもは逆に四文に値下げ

凶作のたびに暴騰した米の値段に比べるとはるかに安定している。というか、幕府の施策で安定を余儀なくさせられたのだろう。現代では、ほとんど鶏卵の値段が上がらないが、それに似ている。

四、鬼の住居に幽霊が出る

八丁堀には「幽霊横町」と呼ばれる小道があった。両側が与力屋敷の高い塀に

なっていて暗く、首が飛び出して通行人の袖を引き留めるなどの怪談もあった。「鬼」である与力のお膝元に幽霊が出る、というわけである。

五、地蔵なくして地蔵橋

近くに地蔵が立っているわけでもないのに「地蔵橋」と呼ばれている橋がある。多賀仁蔵《たがじんぞう》という与力が普請した石橋で、多賀家が潰れたあと、与力たちの共有にして「地蔵橋」と改名した。橋のたもとに小さな石地蔵があったが、火事で焼け崩れたとも伝えられる。

六、一〇〇文あれば一日快楽

八丁堀には「貧乏小路」と呼ばれる貧民窟があった。同心はまずまず広い拝領地を持っていたから、なかには**サイドビジネス**として長屋を建てて、副収入を得る者もいた。その一部がスラム化し、貧乏小路と呼ばれるようになったのである。

そこでは、貧しい者たち向けの娯楽（夜鷹など）がひと揃い揃っていて、一〇

○文あれば一日は遊んで暮らせたことから、こう言われるようになった。

七、一文無しで所帯が持てる

貧乏小路では、敷金も道具もいらない。一日、日雇いで働けば、一膳飯屋で腹一杯の飯が食べられる。火事があれば出役の同心のあとを追って消火を手伝い、ついでに蒲団の一枚もちょろまかす。貧乏小路の貧乏人たちは、たくましく生きていた。

ほかに「七不思議」に数えられるものに、次のようなものがある。

「**金で首が繋がる**」……与力に賄賂を送れば、死罪もなんとかなる、という意味である。実際のところ、どうだったのかは定かではないが、こういう噂が立つところから、察するべきであろう。火のない所に煙は立たない。

「**地獄の中の極楽橋**」……「極楽橋」とは八丁堀組屋敷内に架かっていた橋の名前。与力や同心は、罪人を裁く地獄の獄卒にたとえられたから、その組屋敷は地獄ということになる。地獄なのに「極楽」橋とは、こはいかに、ということである。

「**儒者、医者、犬の糞**」……生類憐みの令の名残か、江戸には野良犬が多かった（一説によれば一〇万頭以上）ので、江戸の町にはたくさんの犬の糞が落ちていた。八丁堀にはその犬の糞のように儒学者と医者が多かった、ということである。

同心や与力は自分の敷地内に長屋を建てて住人を入れていたが、本来ならば武家地に町人が住むことは許されないから、あくまで内密のサイドビジネスであった。そこで普通の町人では問題を起こすのではないかと心配し、信用できそうな儒学者や医者を住まわせるようにしたのである。

もっとも、後年は普通の町人も入るようになり、前述の「貧乏小路」のスラムが形成されるありさまだった。

「**寺あれど墓なし**」……八丁堀はもともとが寺町で、寺が集まっていた。同心や与力の組屋敷を置くにあたって、寺は移転させられたが、亀島山玉円寺だけが幕命に服さず、移転しなかった。幕府はそれを許したが、墓を置くことは許可しなかったので、このようなことになった。

「**血染めの玄関**」……第二章で紹介した丸橋忠弥《まるはしちゅうや》召し取りの際、同心の間米藤《まごめとう》十郎《じゅうろう》が功績を挙げ、報償として玄関をもつことを許された。丸橋忠弥は処刑されたから、誰言うとなく「血染めの玄関だ」ということになった。

参考文献

林美一『時代風俗考証事典』（河出書房新社）
名和弓雄『絵で見る時代考証百科』（新人物往来社）、『拷問刑罰史』（雄山閣出版）
英寿日郎『江戸の放火』（原書房）
南和男『江戸の町奉行』（吉川弘文館）
氏家幹人『大江戸死体考』（平凡社）
明田鉄男『江戸10万日全記録』（雄山閣）
横倉辰次『江戸牢獄・拷問実記』（雄山閣）
稲垣史生『町奉行』（人物往来社）
笹間良彦『江戸町奉行所事典』（柏書房）
佐久間長敬『江戸町奉行事蹟問答』（東洋書院）

現代日本では不当・不適当と思われる言葉・表現につきましては、本書の時代的背景に鑑みて、当時の表記のままにしてあります。

若桜木　虔（わかさき　けん）

1947年静岡県生まれ。
作家。東京大学大学院博士課程修了。在学中から小説の執筆を始め、77年、『沖田総司』でデビュー。その後もミステリー・SFを中心とした作品を多く発表する。78年に刊行した『白球を叩け!』は26万部のヒットとなり、映画化・漫画化もされる。作家として小説講座の主宰の他、教育・健康などの評論家としての著書、講演活動も数多くこなす。霧島那智名義の作品も多数。
『プロ作家養成塾 時代小説家になる秘伝』（ベストセラーズ）、『真田幸村の鬼謀』『秘剣 宮本武蔵』『織田信長の野望』『関ヶ原異伝』（以上、双葉社）、『忍術忠臣蔵外伝』（有楽出版社）、『吉宗密命 御庭番暗殺剣』（廣済堂出版）、『上杉謙信の野望』『武田信玄の野望』（以上、青樹社）、『徳川三代 家光の野望』（青春出版社）など。

本書の内容に関するお問い合わせ先
中経出版編集部　03(3262)2124

中経の文庫

誰も書かなかった　江戸町奉行所の謎

2009年9月28日　第1刷発行

著者　若桜木　虔（わかさき　けん）
発行者　杉本　惇
発行所　㈱中経出版
〒102-0083
東京都千代田区麹町3の2　相互麹町第一ビル
電話 03(3262)0371（営業代表）
03(3262)2124（編集代表）
FAX03(3262)6855　振替　00110-7-86836
http://www.chukei.co.jp/

DTP／マッドハウス　印刷・製本／錦明印刷

乱丁本・落丁本はお取替え致します。

©2009 Chukei Publishing Company, Printed in Japan.
ISBN978-4-8061-3494-7　C0121

中経の文庫

誰も書かなかった　徳川家の謎

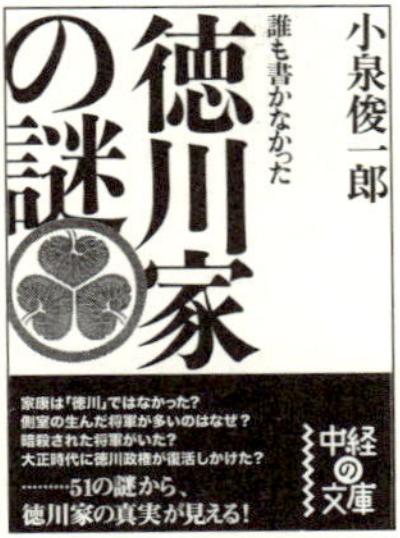

小泉俊一郎

世界にも類を見ない長期安定社会で、さまざまな文化が発展した江戸時代。これもひとえに徳川幕府による長期安定政権のおかげ。本書では、教科書でも習わなければ、時代劇でもお目にかかれない徳川幕府の舞台裏を紹介。これを読めば、時代劇や時代小説もいちだんとおもしろくなること請け合い。

東京今昔散歩

原島広至

彩色絵はがきと現代の写真、江戸切絵図と現代地図が並び、東京の今と昔の違いが一目でわかる本書は、東京の散歩や観光に必ず欲しくなるカラーの一冊。同一視点から撮影された明治・大正の古写真VS現代の都市写真とを並べて掲載、そこに写る子細な違いを見つけて楽しみ、東京各地に関連するトリビアや逸話で興味深く地図や写真を見ることができる。